Dales **Raíces,**
Alas y **Lazos**
para toda la **Vida**

La historia de amor de una familia intencional

Gustavo León Zenteno

VITALITY
buzz, bliss + books

Dales Raíces, Alas y Lazos para toda la Vida:
La historia de amor de una familia intencional

Derechos de autor © 2025 Gustavo León Zenteno
Publicado por Editorial VITALITY buzz, bliss + books LLC,
Estados Unidos de Norteamérica **vitalitybuzz.org**

VITALITY buzz, bliss + books LLC publica creaciones originales que promueven la misión de VITALITY Cincinnati Inc, una organización sin fines de lucro 501(c)3 basada en la educación: compartiendo auto cuidado holístico de barrio en barrio, persona en persona, y en cada respiración, desde el 2010.

Las opiniones e ideas expresadas pertenecen al autor y no necesariamente presentan las opiniones de los patrocinantes de VITALITY buzz, bliss + books LLC, o de la Junta Directiva de VITALITY Cincinnati. Cualquier error por lo tanto, es exclusivamente del autor.

Se ha hecho todo lo posible para dar crédito a las ideas originales de otras personas, mediante el texto en sí, asi como en las recomendaciones que prosiguen este texto. Si existiese alguna parte que no fue atribuida a alguien, por favor contáctese con nosotros por medio de nuestra pagina web y se hará todo lo posible para corregirlo en las siguientes ediciones. ¡Gracias!

Las imágenes de portada y la imagen en la página 94, fueron diseñadas por Rodrigo León-Ramos. Las imágenes de las raíces, alas, el organizador de responsabilidad, y kintsugi, son imágenes de Canva. Julie Lucas diseñó los logos de VITALITY. Todas otras imágenes son fotografías tomadas por la familia León-Ramos. Agradecemos a Paula Dunson por asistir en la traducción del inglés al español.

Te invitamos a que honres tu mente, tu cuerpo, y todo tu ser. Haz solamente lo que sepas que es bueno para ti. Aunque las invitaciones ofrecidas en este libro, en nuestra página web y en las redes sociales, así como en nuestras clases, se encuentran dirigidas a ser suaves y fácilmente modificables para las necesidades de cada participante, por favor consulte a un médico o profesional de la salud antes de comenzar cualquiera de estas prácticas.

ISBN: 978-1-954688-38-4

Con gratitud

a quienes infundieron vida a mi libro patrocinando su publicación

Víctor Aguilar, Marisela Amaya, Héctor Ariza, Rubén Ávila, Leah Beltz, Francisco Cadena, Catalina Campos, Javier Cano, Beatriz Cárdenas, Mario Chávez, Fran Cherny, Mark Christenson, Stephanie Colores, José María Contreras, Morgan Donegan, Jim Eutsler, Luis Fuentes, Mauricio Gallegos, Patricia Gallegos Macías, Lydia García, Myrna Gómez, Abel Gómez González, Anaís Graterol, Santiago Gutiérrez, Natalia Hollander, Mónica Jerez, Stacey Kinser, Hugo León Sr. & Beatriz Zenteno, Hugo León Zenteno, Beatriz León Zenteno, Luis Arturo León Zenteno, Verónica León Sandoval, Andrea León-Ramos, Fernando León-Ramos, Rodrigo León-Ramos, Diana Angélica López, Isabel Méndez, Juan Andrés Mercado, Molly Montgomery, Karen Anne Oconnell, Verónica Pando, Mario Pérez, César Ramos Sr. & María Elena Rico, César Ramos Rico, Claudia Ramos Rico, Fernando Ramos Rico, Raúl Ramos Rico, Sergio Ramos Rico, Miguel Ángel Ruiz Torres, Rick Scheeler, Tobias Schmitz, Ann Schulte, Phiroza Setna, Brian Shircliff, María Soler, Salvador Soto, Carlos Suárez, Lucía Suárez, Sergio Talavera, Ángel Tramontín, María José Vega, Antonio Villagómez, Aldo Vivó, Bryan Wright

Un agradecimiento especial a Rodrigo León-Ramos por el diseño del arte de la portada y contraportada del libro, a Héctor Ariza por sus ideas para la disposición de la portada, y a Julie Lucas por brindarles vida en este libro.

Dedicatoria

A Marisela, Andrea, Fernando y Rodrigo;
Gracias por llenarme de amor e inspirarme todos los días
a darles lo mejor de mí, por siempre.

A mis padres, Beatriz y Hugo,
y a mis suegros, María Elena y César;
Gracias por ser el ejemplo de Raíces, Alas y Lazos de amor
para toda la familia y en especial para Marisela y para mí.

A nuestras hermanas, hermanos y a sus propias familias;
Gracias por acompañarnos de cerca y de lejos,
y siempre estar ahí, en nuestro loco andar.

A todas las familias, en cualquier formato,
que ya viven sus propios rituales y tradiciones,
deseo que sigan alimentándolas y
renovando su amor y dedicación todos los días.

A las nuevas parejas que, con amor, fe y esperanza,
deciden embarcarse en la maravillosa aventura de ser Padres,
¡Brindo porque siempre sean intencionales!

ÍNDICE

Introducción

9

Raíces

Alas

Lazos

Introducción

Escribí este libro para los nietos de nuestros nietos, esperando que nuestra familia continúe y pensando que un día, cuando miren hacia atrás y los niños pequeños pregunten a sus padres, "¿de dónde venimos?" y "¿por qué hacemos nuestras tradiciones y rituales?" puedan hablar sobre lo que está en este libro y darse cuenta de que tenemos valores compartidos que se han fortalecido y evolucionado con el tiempo a través de generaciones dentro de nuestra familia.

También escribí este libro para otros padres y familias, con la esperanza de inspirar el deseo y la intencionalidad de vivir una vida familiar feliz y plena. No pretendo que nuestra historia sea en ningún sentido considerada un modelo o referencia. Como cualquier familia, hemos tenido nuestra cuota de altibajos, problemas y adversidades, así como maravillosos momentos de felicidad. Lo que encontrarán en este libro es una selección de historias de las cosas que más valoramos; muchas de ellas nos han aportado un aprendizaje significativo como familia y son un reflejo de lo que queremos seguir haciendo en el futuro. Mi deseo es que quien lea este libro se identifique con algunas de las historias puesto que ve algo similar que ya hace con su familia o que le gustaría intentar a su manera, dentro de su propio contexto y dinámica familiar. Mi única intención es compartir nuestra historia de vida deseando que otros encuentren algún valor para su propio camino.

Soy un admirador de las frases célebres. Creo que son destellos de sabiduría que te hacen detenerte, reflexionar e inspirarte a crecer como persona. Hay una frase que me inspiró a reflexionar sobre cómo hemos decidido llevar nuestra vida en familia. Es del Dalai Lama y dice:

**"Dales a tus seres queridos alas para volar,
raíces a donde volver y razones para quedarse."**

En una frase tan sencilla, se resume la filosofía de vida de una familia. La primera parte es bastante clara: "**dales alas para volar**" es la aspiración de todo padre: preparar a sus hijos para que salgan al mundo y no solo puedan cuidar de sí mismos, sino también prosperar, ir a lugares, viajar, experimentar y disfrutar de la vida, crecer y florecer constantemente. Eso es lo que "darles alas para volar" significa para mí.

La segunda parte, "**raíces a donde volver**," también es sencilla. Como padres, queremos que nuestros hijos recuerden de dónde vienen, dónde se desarrollaron y crecieron como individuos y como familia, que conecten con su familia extendida, que aprendan sobre su pasado y honren su historia compartida. Una base sólida, una raíz que sostiene a nuestra familia, un lugar al que llaman hogar y al que regresan cuando quieren, cuando lo necesitan. Esas raíces nutren el alma, son un refugio seguro donde pueden encontrar calma y descansar; es donde reconectan con sus valores y se reúnen con el resto de la familia. Renuevan sus energías para salir de nuevo y volar al mundo. Eso es lo que significa para mí "darles raíces a donde volver".

La última parte, "**y razones para quedarse**", es la que veo un poco diferente. La veo como un fuerte sentido de pertenencia, con **lazos para toda la vida que mantengan a la familia unida,** para que a medida que los hijos crecen y formen sus propias familias, quieran reunirse, sin importar la edad ni el lugar donde se encuentren. Una familia es para toda la vida, no es solo una etapa; y todos podemos disfrutarla expresando nuestro amor estando en contacto frecuente, brindando ese sentido de pertenencia a cada nuevo miembro de por vida. Va más allá de las "razones para quedarse", que parecen más bien como si fuera una visita familiar. Más que razones para quedarse, queremos tener lazos de amor tan fuertes que mantengan a nuestra familia unida a través del tiempo y el espacio, donde sienten la necesidad de compartir sus experiencias y seguir siendo una parte importante de sus vidas, sin importar dónde se encuentren. Se cuidan mutuamente y se brindan apoyo constantemente cuando lo necesitan. Comparten sus anhelos y sueños y continúan creciendo juntos a lo largo del camino. Por eso, elegí el título:

"Dales Raíces, Alas y Lazos para toda la Vida"

Recordar todas las historias de este libro y escribir cada capítulo, ha sido para mí una fuente de alegría y gratitud. He sentido una descarga de endorfinas con cada recuerdo y una dosis sana de dopamina al terminar cada historia. También descubrí que tanto mi esposa como yo trajimos nuestros propios rituales y tradiciones de nuestras familias antes de casarnos. Algunos ejemplos como bailar, que mi padre me enseñó desde muy pequeño y ahora es algo que he transmitido a nuestros tres hijos. Otras cosas, como viajar regularmente con nuestros padres, incluso después de casarnos, es algo que el padre de mi esposa procura con la mayor frecuencia posible y lo han hecho durante años y lo siguen haciendo hasta el día de hoy; y ahora también lo hacemos con nuestros hijos adultos. Otras cosas, como conservar recuerdos y fotos de todos los momentos importantes y también de las experiencias aparentemente mundanas de la vida de nuestros hijos, es algo que aprendí viendo a mi madre hacerlo. La costumbre de ir a tomarse un cafecito frecuentemente con cada uno de nuestros hijos es algo que mi esposa también aprendió de su madre. La forma en que mi padre nos hacía cosquillas a mí y a mis hermanos con sus dedos caminando sobre la mesa y haciendo el sonido "tiki-tiki" y su gesto con una mano abierta de "araña magaña" que nos hacía reír a carcajadas y retorcernos, y cómo yo lo he hecho también con mis hijos. Las caminatas muy temprano al Bosque de Tlalpan en la Ciudad de México con la madre y el padre de mi esposa para ver ardillas y tomar un jugo de naranja después, es algo que también hemos hecho y seguimos haciendo con nuestros hijos siempre que podemos.

Estos son solo algunos ejemplos de rituales que incorporamos a nuestra vida familiar conjunta. Lo bueno de estos rituales es que han formado parte de nuestras vidas durante nuestra infancia, así que no hay necesidad de explicar ni aprender por qué son importantes ni cómo hacerlos; simplemente lo sabemos por haberlos vivido. Esto hizo que la adopción fuera sencilla y agradable.

La idea de atesorar los rituales y tradiciones aprendidos de nuestros padres y transmitirlos a la siguiente generación es esencial para expresar nuestra humanidad. Es esa voluntad de preservar y transmitir lo que hace especial a una familia, y al tener cada vez más familias que lo sigan haciendo, se teje el tapiz de hermosas culturas en todo el mundo. Como dijo la Madre Teresa: **«Si quieres cambiar el mundo, ve a casa y ama a tu familia»**. Creo firmemente que así es como podemos hacer la diferencia para el bien en nuestra sociedad, una familia a la vez.

Esto es ahora más importante que nunca, ya que el concepto de familia ha evolucionado para adaptarse a las exigencias de nuestra vida moderna. La constelación de diferentes tipos de familias es muy diferente hoy de lo que era hace décadas o siglos. La evolución de la tecnología, donde las redes sociales, el tiempo frente a la pantalla, la comodidad y el ritmo de vida acelerado han mejorado el acceso general a bienes y servicios. La disponibilidad de información y la inteligencia artificial han mejorado la capacidad humana para hacer más cosas, más rápido y con menor esfuerzo, pero a la vez impulsa cada vez más al individualismo y al aislamiento de las personas. La paradoja es que, con todas estas capacidades aumentadas, creemos estar más conectados gracias a las redes sociales 24/7 y que podemos ser mucho más eficientes en nuestro tiempo y en nuestras actividades, pero en realidad, estamos cada vez más desconectados de otros seres humanos, en tiempo real y de manera que levante nuestro espíritu.

La idea central de este libro trata sobre una familia que, en forma consciente, busca ser proactiva y aprovechar al máximo el tiempo juntos eligiendo estar presentes en nuestras vidas en lugar de solo dejarse llevar por la corriente y reaccionar ante las circunstancias que nos distraen de lo verdaderamente importante. Formar raíces sólidas y compartidas, preparar a nuestros hijos para volar y acompañarlos en el camino por el resto de nuestras vidas.

De la misma manera que aplicamos ese nivel de intencionalidad a nuestra vida laboral, donde líderes, gerentes y empleados se esfuerzan por definir visiones, propósitos y objetivos para sus empresas; organizar equipos, definir estructuras y encontrar maneras de forjar conexiones significativas, buscando soluciones para problemas complejos y cuidando de cada empleado en el proceso, creo firmemente que necesitamos el mismo nivel de intencionalidad en nuestra vida familiar. En definitiva, la familia es la empresa más importante de todas, el equipo más relevante del que podemos formar parte, con aspiraciones y sueños para cada miembro y con un propósito claro que alcanzar en la vida. ¿Por qué no dedicar nuestros mejores esfuerzos a elevar la calidad de nuestra vida familiar con las personas que más nos importan?

De hecho, en este libro he entretejido ideas, conceptos y algunos consejos prácticos sobre la vida familiar que están relacionados con mis aprendizajes como líder de recursos humanos trabajando con organizaciones, equipos, líderes y gerentes en todos los niveles durante más de 30 años.

Quisiera aclarar que no soy un experto en el estudio de la vida familiar. Mi experiencia es la que he vivido con mi familia y eso es lo que comparto en este libro. Recomiendo consultar otros recursos maravillosos para un aprendizaje profundo que mejorarán su comprensión y preparación para emprender su vida familiar. Como en todo lo que importa, dominamos aquello a lo que dedicamos nuestro tiempo y atención. Aquí hay algunos recursos excelentes para seguir aprendiendo de verdaderos expertos en este tema:

La Familia Intencional – Rituales Sencillos para Fortalecer los Lazos Familiares – William J. Doherty, Ph.D.

Los 7 Hábitos de las Familias Altamente Efectivas: Cómo Crear una Familia Enriquecedora en un Mundo Turbulento – Stephen R. Covey

Como muchas películas o libros dicen al principio: "Basado en una historia real", ese es precisamente el caso de este libro. No hay ficción, todas las historias son reales, con personajes reales y tienen la ventaja adicional de haber podido reflexionar en los aprendizajes que hemos tenido al analizarlas en retrospectiva. Este libro trata sobre la gran aventura que Marisela y yo iniciamos hace más de 31 años, que se ha convertido en un matrimonio feliz con tres hijos maravillosos en Andrea, Fernando y Rodrigo. Es un recorrido narrado como si fuera una charla entre amigos, en forma simple, sobre nuestro recorrido en familia, compartiendo los rituales y actividades que seguimos haciendo hasta la fecha.

Me encanta la música y creo que es una forma de comunicación incomparable ya que despierta emociones y evoca preciosos recuerdos. La música puede transportarte a lugares que has visitado, recordar a las personas con las que estuviste y revivir el momento como si estuvieras allí de nuevo. Muchas veces, al escuchar una canción, pienso en un momento o experiencia vivida en familia. La música es tan importante en nuestra vida familiar que al final de cada historia he añadido canciones sugeridas para escuchar, ya que creo que se relacionan con el tema y pueden ayudar a completar la experiencia de leer este libro. Te invito a que, al terminar de leer cada historia, reproduzcas las canciones recomendadas y leas la letra. Espero que esto te traiga alegría y si te gusta, consideres incluirlo en tus listas de reproducción. Al final del libro, he creado una lista de toda la música recomendada y por facilidad, puedes accederla en Spotify™ utilizando este código QR:

En cada historia, también ofrezco algunas "Ideas Clave" para destacar los aprendizajes principales con mi familia. Puedes considerarlas como sugerencias para reflexionar y ojalá sirvan de inspiración para planificar cómo vivir tu vida familiar al máximo.

Este es nuestro "libro familiar", que refleja nuestra historia hasta el momento. El viaje aún está en marcha, así que seguramente incluiré nuevos capítulos en futuras ediciones, pero primero los viviremos...

Raíces

*"Las familias son como las ramas de un árbol,
crecemos en diferentes direcciones,
sin embargo, nuestras raíces siguen siendo una sola."*

Hablar de raíces es hablar de aquellas historias que formaron la esencia de nuestra familia, desde que iniciamos como pareja y cómo llenamos esos primeros años con actividades significativas e invertimos nuestro tiempo creando recuerdos esenciales que moldearon a cada miembro de la familia hasta convertirse en quienes somos hoy.

En los dos primeros capítulos hablo sobre mí y eso es algo que no suelo hacer normalmente cuando interactúo con los demás. No estoy acostumbrado a ser el centro de atención (a menos que esté bailando); pero en esta ocasión, es importante para poder compartir mi primer aprendizaje: la necesidad de invertir en uno mismo para poder dar lo mejor de sí a los demás. Esto es algo que experimenté en mi vida personal y en mi profesión como líder de recursos humanos, trabajando con todo tipo de líderes, gerentes y sus equipos, y se resume en un concepto muy simple: **«No puedes dar lo que no tienes»**.

Si no tienes claro tu propósito, tus metas y tus aspiraciones, será más difícil ayudar a otros a encontrar el suyo o a sentirse inspirados. Si no tienes equilibrio en tu vida laboral y personal, será más difícil enseñar equilibrio a tus seres queridos. Si no gestionas bien los conflictos, será más difícil ayudar a tus hijos a aprender comportamientos saludables en sus interacciones con los demás. Creo que los padres necesitan invertir constantemente en sí mismos, para tener claridad en su propio camino, tanto individual como en pareja y procurar con regularidad el bienestar y el disfrute para sí mismos, para que puedan estar en su mejor forma para sus familias.

Hablar de raíces también me recordó que gran parte de la vida familiar se aprende sobre la marcha, en la práctica y dando ejemplo de todo lo que queremos que nuestra familia haga. Esto requiere estar presente y poder dedicarse cuando más importa. Creo firmemente que más de la mitad de los logros que aspiramos a alcanzar en cualquier rol que elijamos en la vida provienen simplemente de estar presentes y no rendirnos. Así que, en mi opinión, para aumentar las posibilidades de estar presentes, necesito invertir en mí mismo, en mi propio cuidado, en tener claro lo que quiero hacer en la vida y en dónde elijo conscientemente no involucrarme para tener la energía necesaria para dedicarme plenamente a lo que es más importante con mi familia y nunca rendirme. Por eso los dos primeros capítulos son sobre mí.

Después, hablo de mi esposa y de mí como pareja, de nuestros votos y de los aprendizajes en algunas cosas que hemos hecho y que han marcado la esencia de nuestra familia. Aquí es donde se cimentan las raíces sólidas. Como círculos concéntricos que empiezan contigo mismo, con tus propias raíces como individuo, encontrando tu propósito, valores, principios y metas, y luego expandiéndose hacia tu cónyuge o pareja, para aprender sobre sus propias raíces personales, su propósito, valores, principios, metas y aspiraciones. A partir de ahí, formamos nuestras raíces combinadas y comenzamos a crecer juntos como familia.

Canción:

"Hasta la Raíz" – Natalia Lafourcade

Todo MVP necesita un PVP

"La visión sin acción es un sueño,
la acción sin visión es una pesadilla." – Proverbio Japonés

En los deportes, al final de un torneo largo y altamente competitivo, cuando termina la final, suele entregarse un trofeo al Jugador Más Valioso (que en inglés es: Most Valuable Player - MVP). Este codiciado premio se otorga al jugador que fue el máximo ejemplo a seguir, quien impulsó al equipo a la victoria. Al recibir el premio y ser entrevistados, describen cómo soñaron con ese momento, cómo se visualizaron ganando el campeonato y recibiendo este premio. Esta visión se convirtió en el motor de su sacrificio en los entrenamientos diarios, en muchos casos durante años y tras varios intentos previos de ganar sin éxito. Luego describen cómo habiendo estado cerca de ganar, quedaron devastados por la derrota, se levantaron, e inspirados en su visión, volvieron a entrenar con más intensidad, cada día, hasta que tuvieron otra oportunidad de conseguir el campeonato y finalmente lo lograron.

El "efecto MVP", se da también en otros reconocimientos, como los Premios de la Academia (Óscar), el Premio Nobel, el Premio Pulitzer, los Grammy, etc. En todos estos eventos, el discurso de aceptación suele tener los mismos elementos: la realización de su propósito, una misión a la que dedicaron su vida, una visión clara de cómo cumplir ese propósito hasta lograr alcanzar el premio deseado y aún más importante que el mismo premio, es haberlo hecho a su manera, viviendo según sus propios principios.

¿Podemos tener el mismo nivel de determinación, claridad de visión y perseverancia en nuestras vidas personales y con nuestras familias? ¿Existe un premio del "jugador más valioso/MVP" para un padre, madre, hermano o amigo? Yo creo que sí. Si bien el reconocimiento puede que no siempre sea en público, o no sucede en un solo evento, puedo decir que lo obtienes en múltiples momentos a lo largo de la vida. Lo obtienes cuando hay logros significativos en tu matrimonio, cuando tienes un hijo, cuando celebras algo importante que los miembros de tu familia logran. Cuando cumplí 50 años, recibí mi premio de "mejor jugador" como padre. Me lo otorgaron inesperadamente mis 3 hijos cuando cada uno de ellos dieron un brindis en mi fiesta de cumpleaños. Sus discursos tenían todo lo que algún día desearía que dijeran sobre mí. Y me di cuenta de que después de tantas "temporadas" desempeñando el papel de padre, mi esposa e hijos me habían dado el "premio al Padre MVP". Fue tan emotivo, tan genuino, sincero y tan dulce que ningún otro premio se puede comparar.

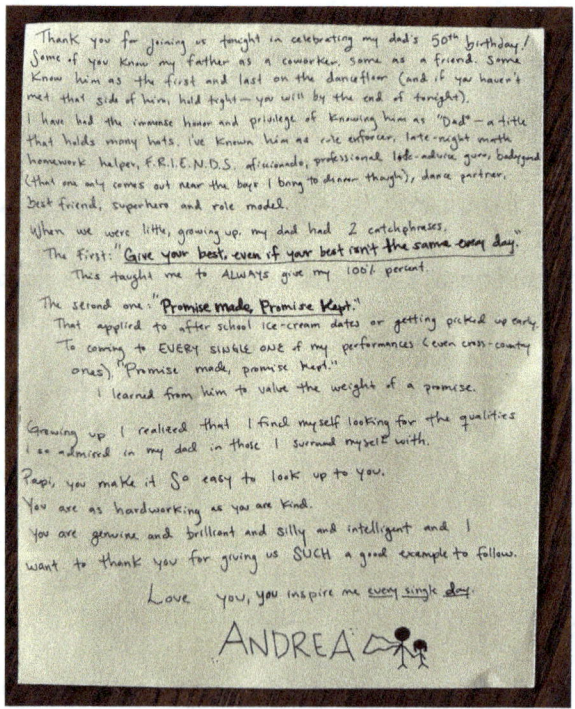

Pa, it has been extremely easy to grow up with you as my dad because you've always provided me with a clear image of what I should strive to become. I'm sure that tons of people are convinced that their dad is the best one but I am certain there is no better dad than you. Be it because of your presence and energy, your work ethic, your love for mom, your dedication to your family, or your passion for giving back, every time you leave a room it's at least a little better than it was before you got there.

This is why there is no greater compliment than when someone tells me that I am truly my father's son. I can only hope that in 30 years I will have achieved as much as you have today and I can't wait to see everything you will get done in the next 30 years.

Thank you for everything and happy birthday to Love, Fer

Papá,
I think it is fair to say that everyone has someone they admire and look up to in life. I want to thank you for being that person for me. For each of the past 18 years, I have attempted to be more and more like you. Your morals, values, goals for yourself, and for the 5 of us are things that I hope, I can too possess one day in my life. You've truly been the example of what makes a great father, passions we share for things such as sports, movies, friends and much more however, have made you more than just a dad to me. To me, you've truly been my best friend throughout life. Whether its playing football or suffering through golf in 110° weather, I always have a great time when I am with you. You've → never failed to be by my side, so for that, I thank you; and for countless other things I am so grateful for. You've given us all a better life than we could've ever wished for, so thank you for that too. I love you so much, and Happy Birthday.

— Guigo

Esto me ayudó a darme cuenta de que, al igual que aquellos jugadores que durante años soñaron con su momento de MVP, también como padres, cónyuges, hermanos o hermanas, podemos fijarnos metas y visualizarnos disfrutando de un momento de alegría y celebración con nuestras familias. Para ser claros, no estoy refiriéndome a la connotación egocéntrica que suele asociarse con el concepto de recibir un premio. Creo que los padres, por naturaleza, somos desinteresados y lo damos todo, incluso la propia vida, a nuestras familias sin esperar nada a cambio. Así es como estamos programados por naturaleza, ya que nuestra recompensa es ver la felicidad y el crecimiento de nuestros hijos; eso es todo lo que necesitamos. Utilizo esta comparación con un premio MVP para despertar nuestra intencionalidad de trazar un rumbo, de tener una visión, de ir más allá y escoger cómo responder en forma proactiva ante las circunstancias y eventos cotidianos, con el único objetivo de vivir una vida plena y ver a todos los miembros de la familia prosperar.

Pero ¿por dónde empiezas? Empiezas por definir qué quieres en la vida, cuál es tu propósito, tu visión y tus metas. En mi caso, empecé cuando estaba en la universidad y tuve la gran oportunidad de leer el libro de Steven Covey sobre los 7 hábitos de la gente altamente efectiva. El primer hábito es **Ser Proactivo,** que consiste en asumir la responsabilidad de tu propia vida, ser consciente de ti mismo y usar tu libertad para elegir tu respuesta ante cualquier evento o circunstancia que no puedas controlar. Se trata de centrarte en lo único que sí puedes controlar, que es tu comportamiento, tus decisiones y tus acciones. Luego, el segundo hábito que aprendes es **Comenzar con el fin en mente.** Empiezas imaginando la última parte de tu vida, cuando estés celebrando tu cumpleaños número 100 y tus seres queridos hablen de tu vida, de tu legado y el impacto que has tenido en ellos y en los demás. Se llama declaración de misión de vida. Decidí escribir la mía por primera vez y la llamé mi PVP personal: Propósito, Visión, Principios.

Escribí mi primer PVP cuando tenía veinte años, un día en mi cumpleaños. Lo imprimí y lo puse en un lugar donde pudiera verlo todos los días, y lo he hecho desde entonces. Lo tengo en mi habitación, en una pared cerca de donde me visto por las mañanas. Empecé a leerlo cada mañana, dedicando 5 minutos a visualizar cómo podría vivir ese día según esas palabras. Llevo más de 35 años haciéndolo. Aquí comparto algunas partes del documento más reciente, hecho para el año 2025:

Mi **PROPÓSITO** en la vida:

Soy feliz, amo y cultivo los dones que recibí de Dios y los pongo al servicio de los demás. Hoy el mundo es mejor gracias a mi existencia. Soy una chispa que permite a las personas descubrir su propósito, crecer y prosperar, vivir felices con sus familias y liderar sus empresas con consciencia y amor.

Mi **VISIÓN** de mí mismo:

Soy un ser humano completo y consciente; disfruto cada momento y vivo intensamente cada etapa de mi vida. Soy auténtico y congruente conmigo mismo y con los demás. Creo que una sonrisa sincera y amabilidad pueden abrir cualquier puerta.

Disfruto de buena salud física, mental, emocional y espiritual. Cuido y respeto mi cuerpo, mente y alma, alimentándolos solo con cosas buenas y positivas. Disfruto tanto estar activo como descansar. Vivo una vida plena y floreciente.

Dejo que mis acciones expresen mis creencias y convicciones; enfoco mi energía en hacer hoy lo que puedo controlar e influir, para tener un futuro mejor. Reconozco lo que no puedo controlar; lo acepto con paz y lo dejo en manos de Dios para que haga los cambios necesarios. Veo las adversidades solo como temporales y las trato como oportunidades de crecimiento.

Cada día aprendo algo importante que me ayuda a crecer como persona. En cada experiencia de mi vida, aprendo o enseño algo. Entiendo que todo sucede en mi vida para bien y contribuye a cumplir mi propósito.

Utilizo mis talentos, virtudes y capacidad para servir a los demás y me esfuerzo cada día para crecer y así poder impactar más a los demás. Influyo en mi comunidad para que juntos creemos un mundo mejor para nuestros hijos y los eduquemos, los empoderemos y los apoyemos para que puedan contribuir a tener un mundo aún mejor en el futuro.

Reconozco que necesito a los demás para ser feliz y disfrutar del placer de amar y ser amado. Soy interdependiente con los demás. Confío en el bien y la capacidad de los demás, sabiendo que hay amor y bienestar en abundancia para todos.

Mis **ROLES CLAVE** en los que me involucro al máximo son:

ESPIRITUAL

Nutrir mi relación con Dios y hacer crecer mi fe practicando el amor y el servicio a los demás.

PERSONA (YO)

Me amo y me acepto como soy. Hago ejercicio a diario, como y duermo bien. Aprendo, soy creativo, sirvo a otros.

ESPOSO

Elijo amar, honrar y darle lo mejor a Marisela cada día. Estoy presente y disfruto cada momento. ¡Nos divertimos!

PADRE

Elijo amar a Andrea, Fernando y Rodrigo. Estoy presente y les doy lo mejor de mí cada día. Los ayudo a descubri y perseguir sus aspiraciones, comprender el propósito de sus vidas y tener éxito en lo que elijan hacer para vivir felices y plenamente.

MI TERCER ACTO: Amo lo que hago. Subo al escenario y empiezo antes de estar listo. Soy filántropo, escritor, coach, asesor, atleta, bailarín, músico y viajero.

FAMILIA: Amo a mis padres y a mis hermanos. Disfruto del tiempo juntos. Los cuido, estoy presente y busco que sean felices.

Los **PRINCIPIOS** que guían mis acciones son:

Confío en Dios Sé que tengo un propósito especial para mi vida y lo vivo con fe. Todo lo que viene a mi vida es para bien.

Respeto las leyes naturales Si quiero cosechar, primero necesito plantar las semillas. Todo tiene su propio tiempo y proceso. Lo acepto e invierto lo que sea necesario para maximizar mi capacidad de influir en los resultados.

Trato a los demás como les gustaría ser tratados
Me pongo en el lugar del otro. Busco primero comprender y luego ser comprendido. No juzgo a otros. Siempre escucho para entender cómo puedo ayudar. Siempre busco ambas versiones de la historia.

Estoy presente Dedico toda mi atención y aporto mi mejor versión de mí mismo a cada situación y relación que realmente importa. Disfruto estar en el "aquí y ahora" para vivir plenamente cada momento.

Soy transparente Soy igual en todas partes. Siempre digo la verdad. Comparto abiertamente mis sentimientos.

Hago que las cosas sucedan Actúo asertivamente y siempre cumplo mis promesas. Elijo mi actitud y mis hábitos y enfoco mi energía en mis círculos de control e influencia. Actúo con pasión, convicción, consistencia y fe para alcanzar mis metas y cumplir mi propósito.

Simplifico las cosas Creo que hay una manera fácil, natural y lógica de hacer las cosas. Confío en mi intuición, en mis emociones y en mi sentido común.

Soy paciente y pacífico Conmigo mismo y con los demás. Las primeras reacciones a veces pueden causar daño. Creo que los conflictos se pueden resolver sin pelear y sin dañar las relaciones.

Soy humilde y generoso Sé dar y recibir. Creo que los pequeños detalles y los buenos modales hacen una gran diferencia. Un toque personal siempre es apreciado.

Con el tiempo, me di cuenta de que la clave estaba en ir más allá de los conceptos y definir algunas metas específicas y accionables, junto con los hábitos que las respaldan, para hacerlos realidad durante el año en curso. Decidí escoger algunas metas más específicas para cada uno de los roles clave en mi vida (espiritual, personal, cónyuge, padre, profesional, familia extendida). Luego, decidí revisar mi progreso en mi siguiente cumpleaños. Ajusté algunas palabras de mi documento PVP a medida que mi vida cambiaba, basándome en nuevas experiencias y aspiraciones que quería alcanzar. Creo que nuestra vida es orgánica, cambia, nos adaptamos a medida que crecemos y nuestra visión de nosotros mismos evoluciona en consecuencia. Y nuestras metas también cambian cada año. Convertirlo en un documento vivo, en un proceso continuo, es lo que lo hace relevante y lo que genera una sensación de plenitud. Tener el hábito de revisarlo regularmente, en los buenos y malos días, te da claridad de propósito y dirección para esos momentos en que te sientes perdido, y te ayuda a recordar y reconectar contigo mismo.

---

*Mis **METAS** para diciembre de 2025 y **HÁBITOS** de apoyo:*

Alimentar mi alma – Música, Baile; Cada Noche: Gratitud, Oración, Meditación; Ser 1% mejor cada día (30 min cada uno): Piano, Leer-Escribir, Aprender nuevo idioma.

Estar en buena forma física: dormir a las 10pm; hacer ejercicio una hora al día (fuerza, caminar, correr, sprint). Comer bien (primero vegetales, siempre optar por opciones saludables, sin azúcar).

Ser un Novio divertido – Disfrutar de Cincinnati y California. Vivir nuevas experiencias, hacer lo que nos gusta: viajar, cenar, bailar, ir al cine, hacer deporte, estar con amigos.

Estar presente con los hijos - Andrea: Lanzar Miss Andy, apoyar su plan de enriquecimiento de su trabajo diario; Kris- acercarme más; Fernando: Preparar la boda, Jaxon- acercarme más, conocer a su familia; Rodrigo: **Hábitos Atómicos**, red social y cómo apoyar sus planes para 2026.

Ser más sociable: buscar amigos (1 o 2 por semana), hacer algo divertido con frecuencia (tenis, golf, boliche, naturaleza, colaborar, pasar el rato con amigos).

Ser proactivo: 524 ever - plan de negocio y colaboraciones; certificación CB coaching; estrategia fiscal/inversiones; refinanciar casa; chequeo médico anual.

Viajes: Florida (Feb); México (Abr, Dic); Road-Trip (Junio); Santa Clarita (Junio, Nov-Dic); viaje 524 a Japón-Corea (Septiembre).

También me di cuenta de que esta puede ser una forma muy significativa de compartir con los demás, con las personas más cercanas, para que tengan una idea más clara de quién soy y en quién quiero convertirme. Lo compartí con mi esposa para que me conociera mejor y compartiera mis metas, aspiraciones y sueños. También me he arriesgado a compartirlo con algunos amigos cercanos, colegas cercanos en el trabajo e incluso con algunos de mis jefes y altos directivos de la empresa. El resultado siempre ha sido positivo: fomenta el diálogo, me hacen preguntas sobre algunos conceptos y he recibido valiosas perspectivas y comentarios que me han ayudado a reflexionar y a actualizar el documento a lo largo de los años.

Al ver el impacto que esto ha tenido en mi vida, pensé que podría enseñarles a nuestros hijos a empezar a hacerlo también para ir descubriendo su propósito y a crear sus propias metas de una manera muy sencilla. Así que, cada año nuevo, iniciamos una tradición familiar de visualizar personalmente nuestras aspiraciones y metas para alcanzar en el año.

Empezamos cuando nuestros hijos eran muy pequeños con un concepto sencillo, con una hoja en blanco y algunas revistas. Pedimos a cada miembro de la familia que seleccionara unas cinco imágenes importantes de cosas que se imaginaban logrando en el nuevo año. Podía ser cualquier cosa: un propósito, una meta personal, un simple pasatiempo o algo que realmente quisieran hacer o en lo que quisieran convertirse. Les facilitamos los recursos llevando revistas, tijeras y pegamento, y les enseñamos a hacer un collage pegándolas en una sola hoja, poniendo el año y su nombre arriba. Después, les pedimos a cada miembro de la familia que compartiera con los demás lo que escogieron poner en su hoja y por qué era importante para ellos. Después de la actividad, cada uno colocó su propio collage en su habitación, en un lugar donde pudieran verlo todos los días. Montamos un "tablero de visión" personal en cada una de sus habitaciones. Y cada uno decidió añadir otras cosas a su tablero, muchas de ellas relacionadas con sus metas y aspiraciones. En el mes de Julio de cada año, le recordaba a cada miembro de la familia cómo les iba con respecto a sus planes. Luego, el siguiente día de Año Nuevo, repetimos la dinámica familiar. Comenzamos con cada miembro de la familia compartiendo su experiencia en el cumplimiento de sus planes del año anterior y continuamos con la tradición de establecer nuevas aspiraciones para el nuevo año.

Con los años, esto se convirtió en una tradición familiar muy significativa. He guardado un archivo de cada una de sus hojas individuales año tras año, y podemos ver cómo cada uno de ellos ha ido creciendo hasta convertirse en adultos. Han aprendido a establecer metas, tomar decisiones y trabajar para alcanzar sus aspiraciones. Y lo más importante, al compartirlo todos como familia, nos sentimos parte de las metas de los demás y, de muchas maneras, nos ayudamos mutuamente a alcanzarlas. Los hemos visto aprender a ajustarse, adaptarse y, en muchos casos, a lidiar con el fracaso por no lograr lo que querían y e intentarlo de nuevo al año siguiente, o una nueva meta.

Todo empieza por despertar tu propio propósito en la vida, para que puedas transmitir esa energía a otros miembros de tu familia. No puedes dar a los demás lo que no tienes. Una vez que lo tengas, puedes encontrar una manera sencilla y divertida de que tu familia descubra el suyo.

Andrea (2007 y 2024)

Fernando (2007 y 2024)

Rodrigo (2007 y 2024)

Marisela (2007 y 2024)

Gustavo (2007 y 2024)

Ideas Clave:

Podemos tener el mismo nivel de intencionalidad con nuestras familias que en nuestra vida profesional.

Para ser un MVP para tu familia, puedes comenzar por definir tu propio PVP (Propósito, Valores, Principios).

Los objetivos y los hábitos son la clave para darle vida a tu PVP en los roles en los que quieres participar plenamente.

Comparte tu PVP con tu familia, hazlo un ritual, considera realizar la actividad de Tableros de Visión en Año Nuevo.

Consejos para desarrollar tu propio PVP:

Lee el hábito número 2 del libro de Stephen Covey: **Los 7 Hábitos de la Gente Altamente Efectiva**

Piensa en estas preguntas para comenzar:

- Si tu vida fuera una película, ¿cuál sería el título? ¿Cuál sería el final feliz?

- Si hicieras un mensaje espectacular publicitario de tu vida, ¿qué diría? ¿Qué imágenes tendría?

- ¿Qué diría un anuncio de 30 segundos de tu vida?

Canciones:

"Man in the Mirror" – Michael Jackson

"Hacia lo Alto" – Eduardo Ortiz

Mi Triunfo Personal – Mi lugar para revitalizarme

*"Hoy me comportaré como si este es el día
por el que seré recordado."* – Dr. Seuss

Creo en celebrar los logros y aún más importante, creo en la victoria personal que representa alcanzar una meta, y en el impulso de energía y autoconfianza que ese momento especial aporta a la vida de cualquiera. Pienso que esto es aún más relevante que recibir cualquier trofeo o reconocimiento al logro.

Por lo general, el reconocimiento es efímero y se olvida, y los trofeos suelen terminar arrumbados, acumulando polvo o incluso desechados a la basura. Pero la sensación de haber hecho algo grandioso y poder revivir la emoción de ese momento, es algo que se puede experimentar para siempre. Cuando tenemos momentos de grandeza en nuestras vidas, me gustaría que pudiéramos encontrar la manera de embotellar ese sentimiento y poder sacarlo de nuevo cuando más necesitemos esa inyección de energía en nuestra vida.

Pienso que esta puede ser la razón por la que muchos equipos deportivos exhiben sus trofeos de campeonato cerca de sus vestuarios o instalaciones de entrenamiento; o por la que otros equipos cuelgan enormes banderines con los años de sus campeonatos ganados en sus estadios; o por la que en los grandes torneos de tenis los nombres y fotos de los ganadores de años anteriores se exhiben en el pasillo que va del vestuario a la cancha; o por la que las empresas exhiben con orgullo en las recepciones y salas especiales de juntas, sus premios de reconocimiento público y certificaciones o posicionamiento en la industria donde compiten. Se trata de hacer visible y recordarles a sus integrantes, los momentos de grandeza de alguna persona, equipo o de toda la institución.

En nuestra casa, hay una habitación que es completamente mía y la he convertido en mi espacio para recargar energías. Es el lugar de "Mi Triunfo Personal". Algunas personas tienen sus "cueva o sótano para hombres", otras su "ático o rincón para mujeres" o sus jardines privados, o garajes llenos de herramientas y hasta maquinaria, etc. Yo tengo una habitación donde tengo las cosas de las que me siento más orgulloso, y también tengo un espacio para ser creativo y para estirarme/hacer ejercicio. Aquí es donde recupero la confianza, donde recuerdo todo lo que puedo hacer, todo lo que he logrado en las diferentes áreas de mi vida. Este es el lugar donde me concentro en mi propio desarrollo y crecimiento.

Hay una chispa única que conecta mi mente y mi cuerpo cuando entreno y veo un logro o un reconocimiento recibido de otros. Me recuerda que, si quiero alcanzar una meta, necesito esforzarme a diario, sudar y superarme, salir de mi zona de confort, llegar más lejos, conocer mis límites y tomarme un momento para recuperarme cuando lo necesite. Y retomarlo a la mañana siguiente, hasta que finalmente encuentre una nueva razón para estar orgulloso de mí mismo y tener un nuevo logro para colocar ahí.

Recientemente leí un libro muy popular llamado **Hábitos Atómicos** del autor James Clear. Creo que es una guía maravillosa sobre cómo establecer hábitos en la vida de forma consistente, con conceptos sencillos y prácticos que cualquiera puede aplicar. Una de las cosas que más me llamó la atención del libro es la relevancia que tiene el entorno en el que nos encontramos para cultivar nuestros hábitos y la importancia de diseñarlo intencionalmente para aumentar las posibilidades de éxito.

Esto es lo que James Clear dice en su libro sobre esto: «El diseño del entorno es poderoso no solo porque influye en cómo interactuamos con el mundo, sino también porque rara vez lo hacemos. La mayoría de las personas viven en un mundo creado por otros. Pero puedes modificar los espacios donde vives y trabajas para aumentar tu exposición a señales positivas y reducir tu exposición a las negativas. El diseño del entorno te permite retomar el control y convertirte en el arquitecto de tu vida. Sé el diseñador de tu mundo y no solo su consumidor».

Incluso antes de leer esto, yo ya intuía que tener un lugar especial, diseñado por mí, era clave para ayudarme a poner en práctica los hábitos que conectan con mi propósito y mis metas, y aumentar mis probabilidades de ser consistente en la ejecución. Leer **Hábitos Atómicos** confirmó mi intuición.

En este cuarto tengo todos mis libros al alcance de la mano organizados temáticamente según la estructura de mi mente. Como decidí aprender a tocar el piano, puse un pequeño teclado eléctrico junto a mi escritorio. Quiero mantenerme activo durante el día y mover el cuerpo, así que tengo un pequeño trampolín donde puedo saltar unos minutos alternando contra estar sentado. También puse un aparato para pedalear debajo de mi escritorio para tener los pies en movimiento mientras estoy sentado durante un tiempo prolongado. Y tengo un espacio para poner mi tapete de yoga y estirarme durante el día según lo necesite.

En una pared, coloqué todos los reconocimientos significativos que he recibido que me han ayudado a crecer como persona, así como regalos de gente y equipos especiales de los que he sido parte y momentos de interacción o conclusión de ciclos, como recuerdos maravillosos de mi trayectoria. Los guardo a propósito en casa, no en ninguna oficina donde haya trabajado. Son mis recordatorios de triunfo personal, en privado.

Soy fan de la serie de televisión "Star Trek", que trata sobre el deseo humano de evolucionar constantemente, crecer, salir y conocer gente nueva, explorar y aventurarse en lo desconocido. En todas las naves de Star Trek, los capitanes tienen su sala de "Estoy Listo" (en inglés: "Ready Room"), donde se reúnen con su personal, reciben llamadas importantes, se aíslan para pensar, estudiar y planificar. No se llama oficina ni estudio ni nada parecido. Este concepto me inspiró a llamarla mi "Ready Room" y a colocar un cartel en la puerta. Este es mi lugar, donde cada día estoy listo para seguir creciendo como ser humano.

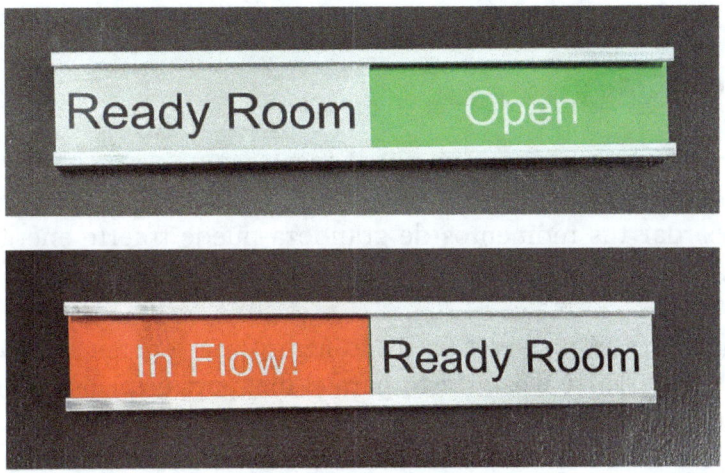

Esto funciona para mí. Me gusta la estructura, el orden y los espacios despejados, con un propósito para cada área siempre que sea posible. Reconozco y valoro los diferentes enfoques para otras personas, incluyendo a mis propios familiares, según sus necesidades y personalidades. Creo que la implementación de esta idea puede ser muy diferente para cada persona. Lo que propongo es tener intencionalidad en lo que cada persona quiere hacer con su espacio, en lugar de simplemente reaccionar ante ello.

Por ejemplo, trabajar desde casa, como mucha gente sigue haciendo desde la última pandemia, sin duda puede ser muy diferente el despertarse y ahí mismo en la cama, hacer videoconferencia con audífonos, con la computadora en la almohada, sin prender la cámara, en comparación a levantarse temprano, hacer ejercicio, ducharse, vestirse cómodamente e ir a una habitación o escritorio diseñado para trabajar. Incluso si trabajas en la oficina o tienes un ambiente flexible o híbrido entre oficina y casa, al llegar a casa, hay momentos en los que trabajas desde allí o tienes proyectos o intereses personales en mente. Creo que el entorno en el que se desarrollan esas actividades influirá enormemente en la productividad, la eficiencia y la satisfacción al hacerlo.

Ideas Clave:

La motivación visual alimenta la inspiración.

Recordar tus momentos de grandeza puede traerte energía positiva cuando estás deprimido, cuando más la necesitas.

Encuentra tu propio espacio, tu lugar para reponer fuerzas, para recargarte y estar listo para el día, para estar listo para tu familia, para estar listo para el mundo.

Sé intencional en el diseño de tu espacio, sin importar lo pequeño o grande que sea. Hazlo tuyo.

Canciones:

"This Is My Time" – Amy Stroup

"Where My Heart Will Take Me" – Diane Warren, Russell Watson

Nuestros Votos: Nuestra Elección Diaria

"Enamorarse no es una elección.
Permanecer enamorado sí lo es." – John Spence

El momento más significativo de una ceremonia nupcial en todas las culturas, en cualquier contexto espiritual o legal, es el intercambio de votos. Este es el momento en que la pareja declara su amor, compromiso y decisión de entregarse el uno al otro. Siendo esta la verdadera esencia del ritual, me pregunto, ¿por qué alguien leería algo genérico, algo que no pensó, ni escribió? ¿O por qué una pareja simplemente repetiría lo que el ministro, sacerdote o juez les dice que digan? Mi deseo para quienes deciden casarse es que escriban sus propios votos.

Este es el momento en que eligen casarse, así que díganlo desde el fondo de su corazón y con toda la razón, ¡díganlo claro y fuerte! La ceremonia, la fiesta y todo lo relacionado con este momento son secundarios. Eligieron estar juntos por el resto de sus vidas, así que es su momento de decirlo con sus propias palabras.

Siendo tan importante, memorable y emotivo, creo que ese momento de decisión no se limita al día de la boda. Creo que, como pareja, cada uno de nosotros puede tomar esta decisión cada mañana. Si bien el día de la boda deciden casarse, cada día deciden seguir casados y cumplir con esos compromisos; a veces es fácil, todo fluye, todo funciona a la perfección y hay felicidad y sonrisas, y otros días, pues simplemente requiere un esfuerzo extra.

En nuestro matrimonio, escribimos nuestros votos, los imprimimos, los firmamos y los pegamos en nuestra habitación, donde ambos podamos verlos. Cada mañana tengo un ritual personal: me despierto, me pongo el anillo de bodas, miro nuestros votos y me digo: «Elijo seguir casado, honrar a Marisela, amarla y darle lo mejor de mí hoy». Leo nuestros votos y recuerdo el momento en que tomamos esa decisión por primera vez. Luego beso a Marisela y empiezo el día. Lo hago todos los días, desde hace 31 años y seguiré haciéndolo mientras viva.

Ideas Clave:

Si encuentras el amor de tu vida y decides casarte, escribe tus propios votos para tu boda.

Haz que este momento especial sea inolvidable todos los días. Hazlo visible, tenlo en tu habitación para que ambos puedan verlo.

Renueven y reafirmen sus votos periódicamente para celebrar su amor y su unión.

Canciones:

"I Do" – Colbie Caillat

"Would You Go with Me" – Josh Turner

"You Decorated My Life" – Kenny Rogers

"I Want Crazy" – Hunter Hays

"Para amarnos más" – Mijares

"Todo cambió" – Camila

"Para siempre" – Kany García

"A fuego lento" – Rosana

"Algo Contigo" – Rita Payés, Elisabeth Roma

"Yo te Volveré a elegir" - Eduardo Ortíz Tirado

Somos Iguales, pero no somos lo mismo

"En el matrimonio, si ambos fueran iguales,
uno de ustedes sería innecesario." – Tony Evans

Siempre me ha parecido irrespetuoso que todavía en algunas invitaciones a eventos especiales (bodas, graduaciones, aniversarios, etc.) el sobre diga: "Sr. y Sra...." seguido del nombre completo del hombre solamente. No creo que sea correcto borrar la identidad de una mujer; ¿es muy difícil escribir ambos nombres en el mismo sobre? Si la intención es extender la invitación para la persona y un invitado, entonces solo ponga el nombre de la persona y agregue una entrada extra al evento o diga "más uno" como ya lo hacen muchas invitaciones. Si alguien sabe el nombre de la persona a la que está invitando, con seguridad puede averiguar el nombre completo de su cónyuge o pareja. Un poco más de esfuerzo y un poco más de tinta no le vendría mal a nadie y demostraría el respeto que cada persona merece.

El ejemplo de la invitación a un evento es solo el síntoma, no la raíz de mi malestar con el verdadero problema. El verdadero problema es la convención social de que, al casarse, las mujeres deben cambiar su apellido y adoptar el de sus esposos. Considero esto completamente anticuado. En algunos países, las mujeres no solo cambian su apellido, sino que también añaden el término "De" a su nuevo apellido, pasando a ser "de" esa nueva familia. En el caso de mi esposa, dirían "Marisela Ramos <u>De</u> León". Lo cual suena como si la mujer hubiera sido "adquirida" por los hombres al casarse. Entiendo que, históricamente, esa podría no haber sido la única intención, y respeto a quienes creen que es importante para su linaje familiar. Asimismo, no voy a debatir todo el significado o valor atribuido a la tradición del pago de la dote por parte de la familia de la novia a la familia del novio al momento del matrimonio en algunas culturas. Con una mente abierta, quiero creer que la verdadera intención era ayudar a los recién casados a comenzar su vida juntos con el apoyo de ambas familias, ya que tradicionalmente el hombre llegaría al matrimonio con su "fortuna" (por grande o escasa que fuera), intrínsecamente asociada a los bienes de su familia, y a su vez, la mujer se uniría al matrimonio aportando su propia parte para agregar a los bienes de la nueva pareja.

Como leerán más adelante en este libro, creo firmemente en apoyar a nuestros hijos durante toda su vida, así que no me opongo a un concepto como este si esa fuera su verdadera intención. Hoy en día, podría transformarse de una dote a un generoso regalo de los padres de cualquiera de los recién casados, en diversas formas, y eso me parece totalmente adecuado.

Ese no es realmente el problema en cuestión; para mí, el problema sigue siendo el cambio de apellido por convención social. Sigo creyendo que no solo es anticuado, sino que, en mi opinión, no honra ni respeta por igual a ambos miembros del matrimonio, y creo que cada vez más parejas recién formadas optan por no hacerlo y eligen su identidad de pareja.

Además, no reconoce que, en la actualidad, la definición de matrimonio y familia tradicionales ha evolucionado. Con matrimonios de parejas del mismo sexo, con familias donde la mujer es la principal proveedora de estabilidad financiera y una configuración completamente nueva de arreglos familiares, la convención tradicional de que una persona adopte el apellido de la otra, como "Sr. y Sra. Apellido", pienso que puede cambiar y no debe estar determinada por ninguna expectativa social. En definitiva, cada pareja es capaz de decidir sobre su propia identidad.

En nuestro matrimonio, decidimos no cambiar de apellido. Ambos tenemos claras nuestras identidades y estamos muy orgullosos de nuestros apellidos. Así que acordamos que cada uno conservaría su apellido original, ya que es lo que cada uno aporta a la relación por igual, y queríamos que se mantuviera así.

Nos divierten las situaciones en las que me llaman "Sr. Ramos" o a mi esposa "Sra. León". O cuando nos registramos en un hotel y la recepcionista alza la ceja cuando ve que tenemos apellidos diferentes, y sin duda requiere más trabajo y explicaciones cuando renovamos pasaportes, visas, cambiamos de país, etc. En mi opinión, "simplificar" el papeleo no es una buena razón para cambiar de identidad ni para dejar de honrar la herencia familiar completa.

También decidimos extender esta oportunidad para honrar toda nuestra herencia a nuestros hijos. Decidimos transmitirles nuestros apellidos. No son solo "León". Son "León-Ramos", juntos, unidos como nosotros. Tienen lo mejor de cada uno de nosotros, así que merecen compartir la herencia de ambas familias. Este es nuestro regalo para ellos, es quienes son, y estamos muy orgullosos de ello.

Ideas Clave:

Si tienes la buena fortuna de encontrar el amor de tu vida, tu pareja para siempre y decides casarte, no te límites a seguir la convención social de cambiar los apellidos al casarte sin cuestionar tus creencias al respecto.

Esto solamente lo decide la pareja según sus valores. Es su propia identidad como familia recién formada.

Canciones:

"Reflections of Passion" – Yanni

"Little Things" – One Direction

¡Una bienvenida muy especial!

"Un bebé es la manera que tiene Dios de decirnos
que la vida debe continuar." – Robert Brault

He leído que esperar algo que realmente deseas desarrolla la corteza prefrontal cerebral, que es lo que te permite tomar decisiones con responsabilidad y madurez, en vez de actuar solamente basado en deseos de satisfacción inmediata. El concepto de retrasar la gratificación permite priorizar objetivos a largo plazo, lo cual es crucial para alcanzar grandes metas en la vida.

Esperar a que llegue la Navidad, tu cumpleaños, las vacaciones de verano, a poder visitar a amigos o seres queridos que no vemos a menudo y muchas otras cosas pueden ser maneras importantes de entrenarte en esta área, pero en mi experiencia, nada se compara con esperar la llegada de un nuevo bebé a la familia. Si tu corteza prefrontal cerebral aún no está completamente desarrollada, lo estará a medida que vivas esta experiencia.

Como padres, la espera comienza desde el momento en que desean formar una familia. Todas las conversaciones al respecto, la planificación, los intentos y la emoción de esperar el resultado de las pruebas de embarazo sin duda pueden acelerarle el corazón a cualquiera constantemente. Para algunos, esta espera puede durar varios meses, o hasta años, y para otros, puede ser que llegue en formas no convencionales. En mi opinión, lo que importa es que quienes desean tener hijos y crecer su familia para darle amor a la siguiente generación, encuentren la manera de tenerla para poder hacer realidad ese sueño y vivirlo de acuerdo a sus valores.

Si tienes la suerte de tener un hijo y decides ampliar tu familia, la espera de la llegada de cada nuevo hijo varía en muchos aspectos. Si bien los preparativos pueden ser similares (las visitas al médico, los cursos prenatales, la preparación de la habitación del nuevo bebé, los "baby showers", el hospital, etc.), muchas otras cosas son únicas para cada bebé. Por ejemplo, la espera del primer hijo conlleva muchas incógnitas y, como cualquier padre primerizo, todos tendemos a exagerar un poco en todos los aspectos, solo para estar seguros. Luego, al tener el segundo y el tercer hijo, muchas cosas son ya conocidas, pero la dinámica familiar cambia a medida que la atención y las necesidades se multiplican exponencialmente. En particular, la llegada del segundo y el tercer hijo (y más allá, para quienes se aventuran a tener familias más grandes), implica que el primero y el segundo hijo (y así sucesivamente) sean conscientes y participen en el período de espera. Es muy importante facilitar que toda la familia, y en especial los hermanos mayores, participen activamente y se entusiasmen con sus nuevos hermanitos.

Hay muchas maneras de involucrar a los niños en la espera de sus nuevos hermanos, como hablarle o cantarle al bebé cuando está en el vientre de la Mamá, sentir sus patatitas en la panza de la madre y otras ideas como ir juntos a comprar cosas para el nuevo bebé y ayudar con la preparación de su habitación y el arreglo de la casa. No hace falta ser un genio para darse cuenta del riesgo que corremos al centrarnos demasiado en el nuevo bebé a expensas de los hijos mayores de la familia.

 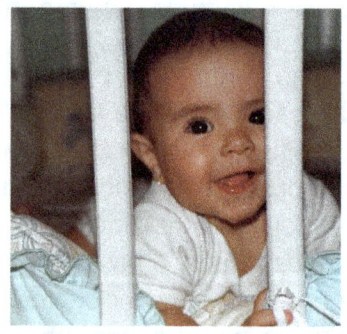

La llegada del primer bebé siempre es única. Tanto padres como bebés, son nuevos en esta experiencia, y en nuestro caso, para la llegada de Andrea, nuestra primera hija, toda la familia (abuelos, tíos, tías y la mayoría de nuestros amigos) debutaron en sus roles al mismo tiempo por primera vez. Recibimos todo tipo de regalos y demostraciones de cariño hacia la familia y para nuestra pequeña hija, Andrea. ¡Fue una experiencia explosiva y llena de emociones para todos!

Cuando nacieron Fernando (nuestro segundo bebé) y Rodrigo (nuestro tercer bebé), mi esposa ideó un par de rituales que lo hicieron muy especial para los hermanos mayores. El primero fue al momento del nacimiento del nuevo bebé. Cuando nació Fernando, se encargó de tener una canasta de juguetes en la habitación del hospital y también en casa a nuestro regreso.

 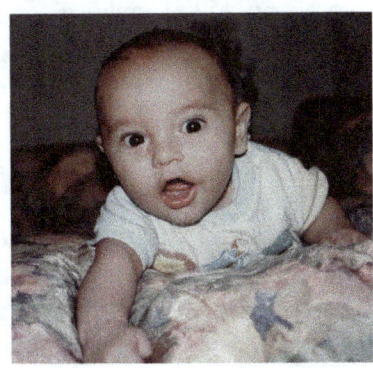

Cuando venían visitas con un regalo por el nacimiento de Fernando, les dábamos un juguetito para que se lo dieran a Andrea, nuestra hija mayor. Así, cada vez que veía a alguien trayendo un regalo para el nuevo bebé, ella también recibía uno. Hicimos lo mismo cuando nació Rodrigo, de tal forma que tanto Andrea como Fernando recibieron regalitos a su llegada. Esto lo hizo muy especial para los hermanos, ya que, aunque la mayor parte de la atención se centraba en el nuevo bebé, ellos también se sintieron cuidados de una manera que significaba algo para ellos.

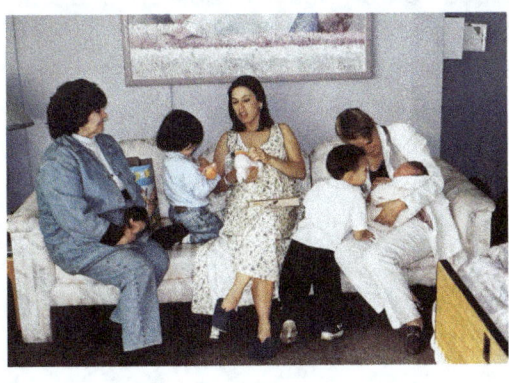 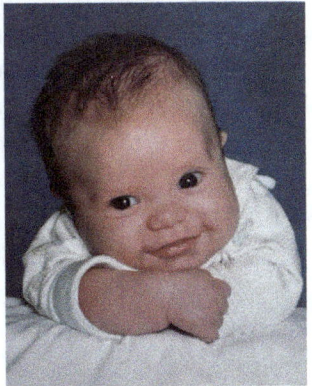

El segundo ritual fue una actividad que se convirtió en un recuerdo muy especial para Fernando. Justo después de que naciera Rodrigo, por mi trabajo, nos mudamos de la Ciudad de

México a Phoenix, Arizona. Nos mudamos a otro país por primera vez, con tres niños pequeños (Andrea tenía 4 años, Fernando 2 y Rodrigo 45 días). Como pueden imaginar, esto trajo consigo muchos cambios: cambio de casa, de escuela, de idioma, de clima, dejando atrás a la familia y los amigos y cualquier rastro de estabilidad para nuestra todavía joven vida familiar. De todos los miembros de la familia, Fernando fue el que le costó más trabajo adaptarse. Andrea se acopló con más facilidad a la escuela; en parte pudo haber sido dado que, a pesar de su corta edad, esta era su tercera mudanza y al ser un poco mayor tenía la ventaja de comprender mejor lo que estaba sucediendo.

Por otro lado, Rodrigo con tan solo 45 días de nacido no tenía consciencia de lo que estaba sucediendo y de la magnitud del cambio. Para él este era el comienzo de su vida familiar. Fernando fue a quien se le "movió el piso" por decirlo de alguna manera. De golpe varios cambios llegaron a su vida: tenía un hermanito que necesitaba mucha atención, debía ir a una nueva guardería, en otro país, en otro idioma, rodeado de gente desconocida, sin ningún miembro de su familia extendida alrededor.

Nos dimos cuenta de que necesitaba un poco más de atención para afrontar todos los cambios que estaban ocurriendo en su vida. Entre varias cosas que hicimos para ayudarlo, a mi esposa se le ocurrió una brillante idea con un nuevo ritual. Encontró un parque hermoso con un lago cerca de casa, con patos, pájaros y senderos. Un día llevó a Fernando allí y le dijo que ese era su "lugar secreto", solo para él y para ella. Era algo que no era para sus hermanos, era solo para él. Iban a ese lugar con regularidad, paseaban, jugaban, alimentaban a los patos y simplemente se sentaban allí a disfrutar del tiempo juntos, solos. Creo que este ritual marcó una gran diferencia en su bienestar y confianza en sí mismo. Hasta la fecha, hoy a sus 28 años, Fernando recuerda vívidamente ese lugar especial con su Mamá y atesora esos momentos compartidos.

Nuestro aprendizaje es simple: dar a cada niño lo que necesita, cuando lo necesita y como lo necesita. Darles regalos con la

llegada de un hermanito fue una forma maravillosa de darles buenas noticias a todos. Tener un lugar especial, solo para uno de ellos cuando lo necesitaba, fue una forma magnífica de brindarle el vínculo y la atención plena que necesitaba.

Ideas Clave:

El período de espera para el nacimiento de un bebé es una ventana de tiempo única que no se repetirá para ese bebé ni para sus hermanos (si los hay). Haz que participen con la mayor frecuencia posible y haz que se sientan tan especiales como el nuevo bebé cuando llegue.

Cuando nace un bebé, todos los miembros de la familia se adaptan, especialmente los hermanitos. No importa lo compleja o agitada que sea la vida con un bebé, siempre hay que encontrar el tiempo y la prioridad para darle a cada miembro de la familia lo que necesita, cuando lo necesita y como lo necesita.

Canciones:

"Duerme" – Jack Rabbit

"You'll Be in My Heart" – Phil Collins

"Bubbly" – Colby Caillat

"God Must Have Spent a Little More Time on You" – NSYNC

Objetivos comunes: para nosotros y para los hijos

"Si la familia fuera un barco, sería una canoa que no avanza a menos que todos remen." – Letty Cottin Pogrebin

Como líder de Recursos Humanos durante la mayor parte de mi carrera profesional, sé lo que hace que un equipo sea efectivo y, aún más importante, sé qué hace que un equipo sea feliz. Si bien hay muchos factores que contribuyen, como tener un gran líder, buenas relaciones y una buena comunicación, el factor más importante es la confianza mutua y trabajar por un objetivo común que sea significativo, teniendo una dirección clara y una conexión personal, emocional y racional con el propósito del equipo. Eso es lo que une a un equipo y le permite prosperar.

Nuestra familia es un equipo y como tal, es fundamental que confiemos los unos en los otros y encontremos nuestro propósito común; así como que descubramos, definamos y compartamos objetivos comunes. No pueden ser los objetivos de los padres los que se imponen a sus hijos en todo momento. Si bien es cierto que los padres tienen la responsabilidad de guiar al equipo familiar por buen camino, a medida que los niños crecen, incluso desde muy pequeños, tienen su propia voz, intereses y deseos, que deben considerarse, ya que enriquecerán a la familia y les brindarán mayor satisfacción.

De la misma manera que para un individuo es muy importante tener claridad sobre su propio propósito, valores y principios, lo es para una familia hablar de lo que los une y cuáles son las cosas que más valoran.

Se puede hacer de muchas maneras, desde hablar de ello en una cena familiar, o tal vez en un día libre, o en alguna ocasión especial. También se pueden facilitar actividades que lleven a tener un documento o algo más estructurado. Todo depende del estilo de cada familia.

Por ejemplo, en nuestra familia, mi esposa encontró un póster con un conjunto de principios familiares que sentimos representaban comportamientos que queríamos adoptar. Lo hablamos en familia, para entender lo que significaban para cada uno y los pusimos en una puerta por la que todos pasamos todos los días antes de salir y entrar a la casa.

Esto ha servido durante muchos años como un recordatorio de los comportamientos que queremos practicar en nuestras interacciones diarias como familia y cómo queremos ser con otros.

Como todo en la vida, la mayor parte de lo que aprendemos es a través de la repetición, por lo que mi esposa y yo constantemente hacemos recordatorios explícitos de estos principios. Desde cosas muy sencillas como "decir siempre por favor y gracias" hasta "en nuestra familia compartimos cosas" pasando por recordarles todos los días cuando van a la escuela "Sé amable y juega limpio" y "Haz lo mejor que puedas", "Diviértete", "Nunca te rindas" y "Di siempre la verdad".

Y procuramos "Reír a menudo", "Pagar con abrazos y besos" y terminamos casi todas las conversaciones diciendo "Te quiero". A lo largo de este libro hablaré con mayor detalle de muchos de estos principios.

Estos principios y comportamientos son excelentes para las interacciones diarias, para ser congruentes con nuestros valores como familia, de manera similar a como cualquier equipo (deportivo, corporativo, sin fines de lucro, educativo, etc.) tienen sus principios operativos o normas de equipo para ser congruentes con sus valores.

Cuando pienso en objetivos comunes para una familia, lo más importante es que signifiquen algo para cada integrante; que cada persona tenga un interés en perseguirlos y participar totalmente comprometidos. Aprender a establecer objetivos comunes en familia es una actividad valiosa, ya que implica trabajar en equipo, escucharse mutuamente, tomar decisiones juntos, aprender a negociar, comprender las motivaciones de cada miembro y, en definitiva, lograr que todos se unan para alcanzar el objetivo común. Se puede practicar con cosas sencillas como una noche en familia, un plan de fin de semana, unas vacaciones, un viaje especial, etc. Y puede extenderse a cosas más importantes como mudarse a otra ciudad o país, apoyar a un familiar en una situación difícil, o cómo superar un conflicto familiar.

Creo que este es uno de los conceptos más básicos e importantes que los padres pueden enseñar a sus hijos: establecer metas, ser parte de una unidad familiar amorosa, colaborativa y de alto rendimiento, donde cada integrante se preocupa por los demás y se apoya mutuamente para lograr el propósito colectivo y para impulsar a cada miembro de la familia a lograr sus propias aspiraciones personales. Y es una de las razones principales por las que las familias pueden seguir estando presentes, incluso cuando todos son adultos y tienen sus propias familias. Encontrar ese objetivo común, ese proyecto especial, ese momento que une al "equipo" para colaborar, es lo que cuenta. Puede ser una reunión familiar, celebrar el cumpleaños especial de un abuelo o abuela, hacer un viaje de adultos. El secreto está en no quedarnos solo en nuestras rutinas ordinarias y encontrar una meta especial y hablar en familia, convertirla en un objetivo común y una vez logrado, ¡encontrar el siguiente!

En nuestra familia, un ejemplo de encontrar objetivos comunes es viajar juntos. Puede ser desde una excursión cercana hasta un viaje internacional. Y hemos hecho de esto una experiencia para definir y vivir nuestros objetivos comunes como familia. Hablo más sobre esto en el capítulo de "¡Oh, los lugares que visitamos!".

Para aquellas familias que quieran profundizar en el desarrollo de su propósito y metas, les recomiendo leer el capítulo #2 del libro **7 Hábitos de las Familias Altamente Efectivas** de Stephen R. Covey, donde habla sobre el Hábito 2: "Comenzar con el Fin en Mente – Trayendo Propósito y Visión a su Familia."

Ideas Clave:

Tu familia es el equipo más importante al que pertenecerás en tu vida. Se intencional creando el propósito, valores, principios y metas de tu familia.

Involucra a todos los miembros de la familia en los proyectos familiares, tal cual y como lo harían en el trabajo. Planificar juntos y compartir responsabilidades creará recuerdos muy especiales.

Canción:

"A Million Dreams – Lucy Thomas

Nuestro Lenguaje familiar

"El amor encontrará su camino a través
de todos los idiomas por sí solo." - Rumi

Si la confianza y los objetivos comunes son la piedra angular de un equipo o una familia, tener un lenguaje común, un código familiar, es una forma divertida de que la familia tenga su propio carácter, estilo y diversión. El lenguaje y el código comunes surgen de pasar tiempo juntos, compartiendo experiencias, viviendo momentos que todos disfrutamos y cosas que solo nosotros conocemos. Es ese "saludo secreto" que solo conocen quienes pertenecen a un club muy especial.

En nuestra familia, algunos de nuestros lenguajes comunes provienen de las noches de cine, cuando veíamos algo juntos, una y otra vez. Por ejemplo, soy fan de toda la vida de la serie de televisión "Friends" y la veo constantemente, con mi esposa y con nuestros hijos cuando tenían la edad adecuada para entenderla. Al hacerlo, supongo que transmití este gusto a la familia, puesto que todos hablamos el "lenguaje de Friends", y sin duda podemos encontrar una frase de Friends para situaciones cotidianas. La serie en particular no es lo importante, sino la conexión que se crea al recordar algo que vimos juntos y que disfrutamos con frecuencia.

También tenemos un silbido familiar muy particular. Lo usamos al llegar a casa, cuando queremos llamar la atención de alguien de la familia en un lugar público, en vez de gritar su nombre, silbamos. Es único y es nuestro. También tenemos el lenguaje del baile pues llevamos años bailando juntos. Cuando nos reunimos, ya sea para cenar o en cualquier evento especial, siempre hay música y baile. Surge algo mágico cuando nos comunicamos en familia bailando juntos, cantando las canciones, siguiendo los pasos y simplemente divirtiéndonos a nuestra manera.

Tenemos el lenguaje de la música, esas canciones que nos recuerdan nuestro vínculo especial, los valores que compartimos, cuánto extrañamos a nuestro hogar cuando no estamos, a nuestra familia, al tiempo que pasamos juntos. Por eso hay canciones recomendadas en cada capítulo de este libro. La música forma parte de nuestro lenguaje de amor familiar.

Y tenemos el lenguaje de los abrazos, nos tiramos en el sillón, o en una cama, todos juntos y nos abrazamos. Sea lo que sea, yo creo que toda familia necesita un lenguaje común, o muchos lenguajes comunes. Así expresamos nuestro vínculo, somos una tribu, somos únicos y pertenecemos juntos.

Ideas Clave:

Todas las familias tienen sus propios lenguajes. Aprende cuáles son los tuyos. Se explícito y habla de ellos con tu familia para que todos los integrantes los reconozcan y los aprecien.

Fomenta su uso constantemente, incluso cuando los hijos crezcan y se vayan de casa. Nunca serás demasiado viejo para hacer el saludo secreto con tus hijos.

Canciones:

"Home" – Michael Bubble
"Lost" – Michael Bubble
"Have It All" – Jason Mraz
"Lucky" - Jason Mraz, Colby Caillat
"I Hope You Dance" – Lee Ann Womack
"Sin Miedo" – Rosana
"Color Esperanza" – Diego Torres
"I Could Not Ask for More" – Edwin McCain
"Back Home" – Andy Grammer

Cenar juntos, ir al cine, pasear por el parque

"Disfruta de las pequeñas cosas de la vida, porque un día te darás cuenta de que eran las grandes cosas." – Robert Brault

Muchas rutinas diarias en cualquier familia pueden convertirse en momentos muy especiales de conexión para todos sus miembros. Una actividad rutinaria como comer puede ser preciosa si tiene significado para quienes la comparten. Basta con añadir algunos ingredientes y podemos convertir cualquier rutina en un ritual familiar memorable.

No se trata necesariamente de la película que vimos, ni de la comida que comimos, ni de lo que pasó en el parque ese día. Fue el tiempo que pasamos juntos, los momentos en que hablamos de la vida y compartimos nuestro tiempo, nuestras vidas. Cuando tengas la oportunidad de hacerlo, piensa en tres cosas: 1) Estar completamente presente, dedicar toda tu atención al momento, no hacer varias cosas a la vez ni preocuparte por el mañana ni pensar en el trabajo, no dejar que el teléfono te distraiga ni que nadie te robe el momento. 2) Hacerlo a menudo, no te preocupes por tener un gran plan, simplemente hacerlo, tan frecuentemente como sea posible. 3) Hazlo memorable, buscando que se convierta en un ritual simple, fácil de hacer y recordar.

Una de las actividades más importantes y de gran impacto que una familia puede realizar es sentarse a comer juntos. Nuestra constitución biológica nos ha dado la maravillosa oportunidad de necesitar comer tres veces al día, por lo general, para la mayoría de las personas. Creo firmemente que, como mínimo, todas las familias necesitan tener al menos una comida al día estando todos juntos. Cuando se vive en un entorno familiar, estas oportunidades no se pueden desperdiciar haciendo que cada miembro coma a una hora diferente. O que coman solos, o a las carreras agarrando cualquier cosa y saliendo con prisa todo el tiempo; o llegando a casa después de la escuela o el trabajo, tomando algo y yéndose a su habitación, o sentarse frente al televisor; o simplemente dejarse vencer por la comodidad adquiriendo el hábito de pasar por algún lugar de comida rápida, ordenar en el autoservicio y comer algo en el coche varias veces por semana. Tampoco se puede desperdiciar estando juntos, pero sin estar plenamente presentes, sin conectar con los demás miembros de la familia. Es en estos momentos de sentarse a la mesa, uno frente al otro, expresando nuestra gratitud por tener algo para comer, compartiendo cosas, pasándose los alimentos, hablando de cómo fue su día, preguntándose unos a otros, mostrando interés, es donde se construyen las raíces y los lazos familiares, en cada bocado, en cada comida, un día a la vez.

Por ejemplo, en nuestras cenas familiares tenemos dos rituales. Uno es un repaso muy sencillo del día que comienza con las preguntas de mamá: "¿Cuáles son tus momentos más destacados del día?, ¿qué fue lo que más te gustó y lo que menos te gustó?". Alguien se ofrece a compartir y luego los demás siguen compartiendo. Desde que nuestros hijos eran muy pequeños hasta ahora que ya son adultos, siempre que cenamos juntos hacemos este ritual. Te sorprendería lo mucho que hemos compartido y aprendido de nuestras vidas con esas simples preguntas.

El segundo ritual es cuando nos reunimos después de compartir algunas actividades, como cuando viajamos juntos. Hacemos un repaso de lo que hemos vivido juntos y pedimos que nos den un "pulgar arriba", un "pulgar neutral" o un "pulgar abajo" para calificar la actividad. El truco está en que todos pongamos las manos al frente al mismo tiempo y mamá o papá pregunte: "¿Qué opinan de la actividad?". Se escucha un redoble de tambor y luego todos muestran su pulgar al mismo tiempo. Después, hablamos sobre lo que nos gustó y lo que no nos gustó de la actividad. Esto invita a todos a hablar del mismo tema y crea una oportunidad para revivir la experiencia.

Otro pequeño y hermoso ritual diario era el momento en que regresaba a casa del trabajo. Mi esposa lo hacía muy especial. No importaba si acababa de regresar de un día cualquiera en la oficina o de un largo viaje de negocios, ella siempre encontraba la manera de saludarme en la puerta, darme un abrazo de 20 segundos y acompañarme adentro para hablar sobre nuestro día. Cuando empezamos a tener hijos, los involucró en este ritual de "Papá está en casa" tan a menudo como podía. Al escuchar que mi coche estaba llegando a casa, animaba a los niños a correr a la puerta a saludarme, saltando y diciendo: "¡Papá está en casa!". Te sientes como una estrella de rock en tu propia casa. Y lo más importante, te sientes amado. Sin importar lo que hubiera pasado en mi día, mi ánimo mejoraba al instante y me quitaba un peso de encima. Hasta el día de hoy, que nuestros hijos ya no están en casa, ella sigue practicando el ritual de recibirme en la puerta cuando llego después de estar fuera con un gran abrazo y un beso, y es muy especial para mí.

Déjenme decirles que cuando los niños crecen y se mudan de casa, lo que más se extraña son esas rutinas cotidianas y los momentos de interacción. La cena, las noches de cine, los paseos al parque, la bienvenida de "Papá ya está en casa". No se han perdido, simplemente ahora ocurren con menos frecuencia. Son cimientos preciosos, momentos donde se forjan relaciones, momentos donde se crean y comparten recuerdos inolvidables. Lo que los hace tan memorables y especiales es la oportunidad de estar presentes en la vida del otro.

Lo bonito de estos rituales simples es que cualquier miembro de la familia puede llevarlos a sus vidas cuando los hijos crecen y forman sus nuevas familias. Y como Papás, siempre podemos encontrar oportunidades para repetirlos al reunirnos con los hijos en cualquier momento, revivirlos y también crear nuevos recuerdos en cada etapa de la vida.

Ideas Clave:

Haz que sea una prioridad absoluta comer juntos en familia, al menos una comida al día, estando todos plenamente presentes.

Da el ejemplo con tus acciones. Dedica toda tu atención a tu familia en este momento. Recuerda que lo que tu hagas, tu familia también lo hará.

Conviértelo en un ritual, sencillo, divertido y que involucre a todos. Prueba cosas diferentes, encuentra tu estilo propio y hazlo consistentemente.

Canciones:

"The Best Day (Taylor's Version)" – Taylor Swift

"Days Like This" – Busby Marou

Llevándolos a lugares, alimentando la relación

*"La buena compañía en un viaje hace
que el camino parezca más corto."* - Izaak Walton

En la actualidad, pasamos mucho tiempo en un vehículo, yendo de aquí para allá, y cuando se trata de formar una familia, esto también se convierte en una rutina diaria. En mi opinión, esto no es solo un medio para ir de un punto A hacia un punto B; en muchos sentidos, puede ser un tiempo compartido muy valioso. ¿En qué otro lugar puedes tener a tus hijos voluntariamente (la mayor parte del tiempo) en un espacio cerrado, sujetos de forma segura (con el cinturón de seguridad), con el resto de la familia durante largos periodos de tiempo?

Si eres intencional y juegas bien tus cartas, esto podría convertirse en un ritual familiar invaluable. Cuando los niños son pequeños, es una oportunidad para escuchar música, cantar y aprender un poco más de ellos cada día. La tentación de simplemente engancharlos con un iPad o el sistema de entretenimiento del vehículo puede ser perjudicial para la comunicación familiar y una pérdida de valioso tiempo juntos.

Algunas familias tienen la costumbre de planificar viajes por carretera para vacaciones especiales, visitar a familiares o amigos, trasladar a los hijos hacia la universidad o para otras ocasiones especiales. ¿Por qué no tener la misma intención de planificar un viaje diario a la escuela o hacia las actividades extraescolares?

Mi esposa es muy inteligente en esto. Cuando los niños eran pequeños, incorporó música, canto, juegos como "Veo... algún objeto, o algún color...", pasar por lugares especiales para ellos como parte de la ruta, aprovechando el tiempo para hablar sobre su día en los viajes diarios. A medida que nuestros hijos crecieron, ella siempre prefirió hacer algo juntos durante los trayectos en lugar de dejarse llevar por la tecnología y aislarse en el coche. No es fácil, y ciertamente los niños no siempre cooperan, pero algunas de esas actividades se han convertido en un recuerdo preciado para ellos conforme han ido creciendo.

Ahora que son adultos, invariable y regularmente llaman a mi esposa durante sus largos viajes al trabajo o cuando están atascados en el tráfico y siguen hablando de sus vidas. Es un ritual memorable que se ha mantenido como un vínculo familiar, aunque no vivamos en la misma ciudad y no conduzcamos juntos a menudo. Ahora mi esposa está cosechando la abundancia de todas las hermosas semillas que plantó en sus vidas durante tantos trayectos con ellos durante su infancia y adolescencia.

Idea Clave:

Si vas a llevar a tus hijos a todas partes durante muchos años, no lo sufras, disfrútalo, hazlo divertido, hazlo memorable, conviértelo en una oportunidad para aprender sobre tus hijos y para construir una relación más fuerte con ellos.

Canciones:

"*El Taqui Taqui – Original Mix*" – *Ilegales*

"*Ultimate*" – *Lindsay Lohan*

"*Viva la Vida*" – *Coldplay*

"*Iko, Iko (My Bestie)*" – *Justin Wellington, Small Jam*

Feliz Cumpleaños y "Las Mañanitas"

*"¡Tu cumpleaños es el día en que el universo decidió
que ya no podía seguir adelante sin TI!"*

De todas las formas en que uno puede celebrar un cumpleaños, en mi opinión, nada puede reemplazar el hermoso sonido de las voces de tus seres queridos a tu alrededor cantándote un feliz cumpleaños y deseando que tengas otro gran año en tu vida.

A medida que los miembros de la familia crecen, se mudan, se van, o simplemente siguen adelante con su vida adulta, reunirse para cada cumpleaños se vuelve más complejo. Una tradición en nuestras familias es cantar "Las Mañanitas " (de Alfonso Esparza Oteo), que es como una canción de feliz cumpleaños típica de México. La diferencia con otras versiones de otros países es que la letra de la canción habla de cantar temprano en la mañana para despertar a la persona y expresarle tu amor.

Las Mañanitas

Estas son las mañanitas que cantaba el rey David,
hoy por ser día de tu santo te las cantamos aquí,

Despierta, mi bien, despierta, mira que ya amaneció,
ya los pajaritos cantan, la luna ya se metió,

Qué linda está la mañana en que vengo a saludarte,
venimos todos con gusto y placer a felicitarte,

El día en que tu naciste, nacieron todas las flores.
Y en la pila del bautismo, cantaron los ruiseñores,

Ya viene amaneciendo, ya la luz del día nos dio,
Levántate de mañana, mira que ya amaneció,

Si yo pudiera bajarte las estrellas y un lucero,
para poder demostrarte lo mucho que yo te quiero,

Con jazmines y flores, este día quiero adornar,
Hoy, por ser día de tu santo, te venimos a cantar

Esto tiene un significado muy especial, ya que la intención es que esa persona sepa cuánto la quieres y tus mejores deseos para su día especial lo más temprano posible. La tradición familiar es cantar juntos "las mañanitas" muy temprano, sin importar dónde se encuentren los miembros de la familia. Esto no es exclusivo de nuestra familia; por ejemplo, en la familia de mi esposa, incluso tienen una competencia para ver quién es el primero en llamar a quien cumple años ese día. Y terminan llamándose muy temprano en la mañana solo para poder presumir de haber sido los primeros ante el resto de la familia.

En nuestra familia, dado que hemos vivido en diferentes ciudades y, a veces en diferentes países a la vez, lo hacemos por teléfono / Facetime / WhatsApp. No importa la diferencia de zona horaria, nos coordinamos para que todos llamemos temprano en la mañana del lugar del miembro de la familia que cumple años ese día. Es importante tener la cámara de video encendida para que podamos vernos todos, sin importar cómo andan, sin necesidad de arreglarse, sin necesidad de maquillarse ni nada por el estilo. Y lo que es más importante, para que todos los que cantan puedan ver la cara de la persona que se está celebrando cuando escuchen la canción y se despierten recordando que es su cumpleaños y lo primero que reciben ese día es el amor de su familia. Es una llamada de despertador muy especial.

La idea es hacerlo de la misma forma como lo haríamos si viviéramos todos en el mismo lugar, donde nos acercaríamos juntos en silencio a la habitación del familiar cuyo cumpleaños es ese día, y cantaríamos "Las mañanitas", saltaríamos sobre la cama para colmarlos de abrazos y besos antes de compartir cualquier tipo de regalo, tarjetas o incluso un pequeño pastel para soplar una vela.

Siendo yo mismo un beneficiario de tantas "Mañanitas", la mayoría con mi esposa e hijos en vivo, y algunas virtualmente debido a todas las mudanzas y viajes que hemos hecho, puedo decirles que es maravilloso comenzar tu cumpleaños escuchando las voces y viendo los rostros de las personas que más quieres. Esto no tiene precio y es una tradición muy querida que seguimos manteniendo.

Ideas Clave:

Cada cumpleaños es un momento maravilloso para cada integrante de la familia y para todos. Sin importar qué tan ocupadas estén nuestras agendas, el lugar donde vivimos, o las complicaciones de nuestra vida diaria, siempre podemos priorizar reunirnos, física o virtualmente, para celebrar a nuestros seres queridos en ese día especial.

Hazlo temprano en la mañana, reuniendo a la familia para celebrar de manera especial el inicio del día de la persona que amas.

Canciones:

"Las Mañanitas" – Mariachi Vargas de Tecalitlán

"Las Mañanitas" – Tatiana

"Happy Birthday To You" – Happy Occasion Singers

"Parabéns pra Voçê" – SaraoMusic

Celebrando momentos y logros con brindis y discursos

"Cuanto más elogie y celebre su vida,
más habrá en la vida para celebrar." - Oprah

Una vez escuché una historia sobre el significado de chocar las copas al brindar que me pareció muy sensata. Se hace porque eso conecta nuestros cinco sentidos con el momento. Podemos ver la bebida, apreciar los colores, cómo se mueve, cómo la luz se refleja a través de la copa y en el líquido; podemos olerla, percibir el aroma y distinguir los diferentes rastros de ingredientes al inhalar más profundamente; podemos sentirla al tomar el primer sorbo al tocar nuestros labios, al entrar en nuestra boca podemos sentir su textura; podemos saborearla, identificando diferentes sabores, si es dulce, agrio, salado, afrutado o simplemente como agua; y finalmente también podemos oírla al chocar las copas, por lo que la experiencia es completa. Cuando todos tus sentidos se enfocan en una sola cosa al mismo tiempo, elevas tu percepción del momento y disfrutas del aquí y ahora, estando completamente presente, conscientemente.

En mi opinión, estar plenamente presente y concentrado en la bebida al brindar es solo el preámbulo de la experiencia humana holística de celebrar algo. Además del vino o la bebida que prefieras y las copas en que la sirvan, lo que hace que el momento sea realmente especial son tres cosas: 1) el motivo de la celebración, 2) las personas reunidas para celebrar, y 3) los sentimientos compartidos durante la celebración. Esta última razón es la que hace que el brindis se convierta en una parte tan importante de cualquier celebración. Esto lo convierte en un ritual; lo hace memorable.

En nuestra familia, las celebraciones y los brindis son una tradición muy valorada en la que participa toda la familia en diversas ocasiones especiales. Ya sea un brindis de Año Nuevo, el cumpleaños especial de un familiar, una graduación o incluso un momento familiar (unas vacaciones, un viaje, una reunión familiar). Esta es una tradición que mi esposa heredó de su familia, pues su padre suele procurar reunir a todos y pedirle a alguien (generalmente a mi esposa) que inicie el brindis. Una vez que mi esposa hace el brindis, sus hermanos siguen uno por uno, y luego participaban también las parejas y los hijos de cualquier edad. Valoramos la participación de todos los miembros de la familia, sin importar su edad. Nos tomamos el tiempo para escuchar a cada uno que quiera decir unas palabras. Es una hermosa experiencia ver a todos los niños participar, primero diciendo algunas palabras graciosas y a medida que crecen, comienzan a expresar su propia voz y personalidad.

Además de la agradable sensación de familia, este es también un entorno seguro y acogedor para desarrollar la confianza en sí mismos, compartir su opinión con los adultos y aprender a interactuar socialmente. Que los niños vean y escuchen todas las hermosas palabras que se comparten sobre una ocasión especial fortalece su sentido de pertenencia familiar. La clave está en ser intencional y paciente. Intencionalmente, invitando a todos los miembros de la familia a participar, a aprender a expresar sus sentimientos con palabras, a ser pacientes y a apreciar lo que cada uno comparte, sin juzgar, sin esperar un discurso maravilloso de nadie.

Se trata de compartir en familia, no de un concurso de oratoria. El objetivo final es crear un sentimiento de aprecio y gratitud compartidos, para expresar nuestro amor de la manera que cada integrante de la familia pueda hacerlo. Ver a una niña pequeña levantarse, sostener su vaso de jugo y decir algunas palabras con la atención y el apoyo de toda la familia, aprender a sentirse segura para compartir sus sentimientos con un grupo y expresar sus opiniones, es invaluable.

Creo que esta es una manera de también ayudar a los niños a desarrollar confianza para hablar en público en un entorno en el que pueden ser vulnerables, donde saben que todos alrededor

de la mesa los aman y que, sin importar lo que digan, será bien recibido, con amor y aprecio por su participación.

Ha sido una experiencia maravillosa presenciar la evolución de las habilidades de nuestros hijos al brindar en nuestro entorno familiar y en otras ocasiones, durante graduaciones y otros grandes eventos familiares y de amigos. Muchas veces vienen preparados para la ocasión, con sus ideas clave escritas en sus teléfonos celulares, y muchas otras simplemente improvisan, compartiendo lo que sienten en el momento, hablando desde el corazón.

Ideas Clave:

Cuando celebres una ocasión especial, haz un brindis, di lo que sientes e invita a otros miembros de la familia a hacer lo mismo.

Invita a los niños, anímalos a participar, permíteles compartir sus sentimientos con sus propias palabras. Tenles paciencia, anímalos y hazlos sentir especiales al tener voz en cada celebración significativa.

Canción:

"What a Wonderful World" – Louis Armstrong

"Manos de Concreto" y el hogar es donde está tu corazón

"Una casa se hace con paredes y vigas; un hogar se construye con amor y sueños." – Ralph Waldo Emerson

Debido a mi trabajo en una empresa internacional, como familia nos hemos mudado 14 veces, teniendo la oportunidad de vivir en 4 países diferentes. Ha sido una experiencia maravillosa en muchos sentidos. Nuestros tres hijos, Andrea, Fernando y Rodrigo, aprendieron lo que significa dejar un hogar y mudarse a uno nuevo, varias veces, desde muy pequeños. La primera mudanza internacional de nuestro hijo menor, Rodrigo, fue cuando solo tenía 45 días de nacido.

Dado que todas esas mudanzas estaban relacionadas con mi trabajo, sabíamos que nuestra estancia siempre era temporal, ligada a la duración de mis asignaciones (normalmente 2 o 3 años) y luego nos íbamos a otro lugar. Esta temporalidad hizo que nuestros hijos nos preguntaran en varias ocasiones: "¿Dónde está nuestro hogar?". "¿Es en México, donde nacimos?". "¿Es en la ciudad de Mason, Ohio, donde vivimos más años como familia?". Y la respuesta que les dábamos era: "El hogar es donde está tu corazón, es donde está la familia en ese momento. La casa, las paredes, los muebles, las cosas que tenemos, todo es temporal. Lo que forma un hogar es el amor que tenemos, las experiencias que compartimos, el tiempo y los momentos que estamos juntos".

En una de nuestras mudanzas de regreso a Cincinnati, decidimos construir nuestra casa. Por primera vez en nuestros casi 20 años de matrimonio, tuvimos la oportunidad de no alquilar o comprar una casa ya existente. Era nuestra oportunidad de construir la casa de nuestros sueños, adaptada a las necesidades de nuestra familia. La construimos en Mason, Ohio, un típico suburbio de la zona del medio oeste de los Estados Unidos donde hay un patrón bastante homogéneo en el diseño de viviendas, sobre todo la fachada externa donde la mayoría de las casas son similares en colores y formas. Decidimos romper con el molde y construir una casa con diseño arquitectónico contemporáneo Mexicano, única, con colores y líneas diferentes.

Recibimos bastantes críticas y hasta hubo quejas de algunos vecinos a la asociación de propietarios. También recibimos muchos elogios de vecinos cercanos, de amigos y hasta de desconocidos que aceptaron la idea de ver algo diferente. Para ser claro, seguimos el proceso de construcción al pie de la letra: todos los diseños, materiales, colores y especificaciones fueron debidamente aprobados por los desarrolladores de la zona y por la asociación de propietarios desde antes del inicio de la construcción. Pero el hecho de que al final se viera tan diferente de lo habitual terminó polarizando a quienes lo vieron, ya fuera por los vecinos o por quienes pasaban por nuestra casa.

Diseñamos cada detalle a nuestro gusto, tanto en el interior como en el exterior. También tuvimos la oportunidad de celebrar un ritual familiar muy especial durante la construcción: estampar la huella de nuestras manos juntas en el piso de concreto cuando todavía estaba fresco en el camino hacia la entrada de la casa.

Esto se convirtió en una forma de darle nuestro sello familiar y dejar una huella permanente en nuestra casa. Cuento esta historia porque tener una casa tan personalizada no es lo que es realmente importante. Por mucho que nos encante el diseño y lo funcional que sea, adaptándose a nuestras necesidades, eso no es lo más importante. Lo que más importa son todos los momentos que vivimos y compartimos allí. Al finalizar la construcción, tuvimos la gran suerte de vivir allí todos juntos durante 6 años, el tiempo más largo que hemos estado en cualquier lugar. Este fue el lugar donde cada uno de nuestros hijos vivió durante  la mayor parte o la totalidad de sus años de secundaria y preparatoria antes de irse a la universidad. Y esas "manos de concreto" vieron a cada uno partir. Y estamos todos conscientes de que esta hermosa casa, como cualquier otro hogar en el que hemos vivido, también es temporal.

Ahora nuestros hijos viven en Los Ángeles, California, y dondequiera que estemos, seguimos creyendo y diciéndonos que: «El hogar es donde está nuestro corazón, donde nuestra familia está unida en ese momento». A veces es en California, otras en esta casa en Mason Ohio, y en el futuro podrá ser en otro lugar. Lo que realmente importa es que procuremos reunirnos, recordar y celebrar nuestras experiencias compartidas y seguir llenando nuestro hogar de nuevos recuerdos.

Ideas Clave:

La diferencia entre una casa, por más personalizada o humilde que sea, y un hogar, es el amor de la familia que allí vive, los momentos compartidos juntos en ese lugar.

No te apegues a las cosas ni a los lugares. Todo es temporal. Disfruta dondequiera que estés; tu hogar es donde tu familia puede estar junta en cualquier momento.

Canciones:

"Home" – Phillip Phillips

"Que no falte Hogar" – Eduardo Ortiz Tirado, Cantantes Inhumyc

El Disco Volador Rojo

"Un padre puede jugar como un niño, dar consejos como un amigo y proteger como un guardaespaldas." - Desconocido

Jugar a la pelota con tus hijos pequeños es una experiencia maravillosa, algo que ningún videojuego ni avance tecnológico puede sustituir. Es un momento en el que padre e hijo se dedican por completo al momento, el uno al otro.

Puede realizarse de muchas maneras: lanzar una pelota, jugar al baloncesto, patear un balón de fútbol, jugar al ping-pong o al tenis, trotar o correr en pista, hacer yoga, bailar juntos, etc. Lo importante es que tenga tres ingredientes: 1) Que sea entre dos personas (a veces pueden ser una o dos personas más si hay otros hermanos, pero no siempre), 2) Que se realice al aire libre, en la naturaleza, y 3) Que el objetivo principal no sea ver quién gana, no es competitivo por definición. El propósito ulterior de jugar a la pelota es el vínculo que se crea entre padre e hijo al pasar tiempo juntos y tener la oportunidad de hablar. Cuando se enfoca sólo en ver quien gana, el ambiente no es relajado y el diálogo se enfoca en la competencia y no en la vida de la persona.

El fortalecimiento del vínculo familiar no comienza en el momento de lanzar la pelota, sino cuando ambos, padre/madre e hijo(a), hablan de pasar tiempo juntos, le dan prioridad y deciden hacerlo. Hay momentos preciosos, antes, durante y después de la actividad, en los que conversan, se relajan de los compromisos y presiones diarias, se concentran en el momento, hablan de la última vez que lo hicieron, si han mejorado su lanzamiento, si tienen algún movimiento nuevo, etc. Y eso abre la puerta a hablar de otras cosas, a interesarse por sus vidas, sus amigos, sus problemas y... a hacer nuestra labor de amor como padre/madre.

Otro aspecto maravilloso de jugar a la pelota es que no

puedes lanzarla y atraparla con un iPhone en la mano; debes comprometerte con el momento y estar presente. Cuando vi los beneficios y el disfrute de esta actividad, pensé en una manera de poder practicarla con mis hijos tanto como fuera posible. Así que compré un disco volador rojo muy ligero y flexible. Lo llevo siempre que viajamos, salimos de excursión o simplemente cuando salimos en familia. Puedo guardarlo en mi maletín, mochila e incluso en el bolso de mi esposa. Cuando llegamos al parque, la playa, el patio, la calle, e incluso a veces a los estacionamientos o prácticamente en cualquier lugar, podía sacar mi disco volador rojo y jugar un rato con mis hijos. A veces jugábamos solo unos minutos, y otras veces pasábamos mucho tiempo lanzándolo, riéndonos y charlando. Empecé cuando eran muy pequeños y todavía lo hago con ellos ahora que son adultos. En el momento en que saco el disco, veo a uno de ellos corriendo y diciendo: "Papi, tíramelo..." y ahí vamos...

Recientemente, pude ver el poder de este concepto a otro nivel. Mi esposa y yo empezamos a ser voluntarios en una asociación llamada "Saturday Hoops", (en español se diría: "Las Canastas de Baloncesto de los Sábados") cuyo objetivo es ayudar a niños de escasos recursos a mejorar su perspectiva de la vida y de sí mismos, inspirándolos a probar cosas nuevas y hacer nuevos amigos. El concepto es muy simple: invitan a niños y voluntarios a practicar deportes, hacer manualidades, leer y otras actividades juntos los sábados por la mañana.

En cuanto a las actividades deportivas, no hay nada sofisticado: no hay uniformes ni árbitros, solo juegos improvisados, como si jugaras con amigos o vecinos en el parque. Los niños y los voluntarios se integran en equipos de forma natural y empiezan a practicar deportes juntos. Al practicar deporte, empiezan a comunicarse para pasar el balón, planificar la siguiente jugada, celebrar un gol, esperar en la banda el turno de sus equipos para volver al campo, y poco a poco se van abriendo a hablar de otras cosas en sus vidas que pueden dar la oportunidad de iniciar una relación de mentoría que marque la diferencia en los niños que necesitan orientación y apoyo.

Esta experiencia reforzó mi convicción de la importancia del deporte y de jugar con alguien a quien admirar para el desarrollo de un niño. Al pasar tiempo con alguien que quiere estar con ellos, a quien respetan y ven como un modelo a seguir en cualquier aspecto de su vida, los niños se sienten queridos, importantes y seguros.

Ideas Clave:

Adquiere el hábito de practicar deportes o realizar actividad física con tus hijos, preferiblemente de forma individual con cada uno de ellos.

Haz lo que a ellos les gusta, no lo que a ti te gusta. Hazlo tan a menudo como puedas y tan frecuentemente como ellos quieran. Sigue haciéndolo cuando sean adultos.

No hay que limitarlo a sólo llegar y practicar la actividad física, habla sobre el plan para realizar la actividad, hablen sobre sus vidas, haz preguntas y pasen tiempo juntos después de la actividad.

Canciones:

"You've Got a Friend in Me" – Randy Newman

"With Arms Wide Open" - Creed

La Pirámide de Arena

"Como un castillo de arena, todo es temporal. Constrúyelo, cuídalo, disfrútalo. Y cuando llegue el momento, déjalo ir." – Jack Kornfield

Pocas actividades en la vida son tan relajantes como jugar en la arena, en cualquiera que sea tu forma preferida de hacerlo. El entorno está diseñado por la naturaleza para desacelerarnos, para que estemos presentes y disfrutar del momento. El agua cristalina, el cielo azul, el sol, la suave brisa, las olas entrando y saliendo con sus crestas blancas y su sonido rítmico, en una danza incesante y juguetona con la orilla del mar. Sin importar el estado de ánimo que tengamos, al llegar a la playa, respiramos profundo, sonreímos y sentimos ganas de dar un paseo, de sumergir los pies en el agua, quizás saltar a las olas, o simplemente sentarnos, tumbarnos y absorber toda la energía curativa y amorosa de la naturaleza.

En mi caso, me gusta hacer todo lo anterior excepto tumbarme o quedarme sentado. Cuando estoy en la playa, me gusta estar activo, practicar deportes y jugar en la arena, con los pies y las manos, simplemente sintiendo una textura diferente que no suelo tener disponible con frecuencia. Mucha gente hace lo mismo, y apuesto que, en todas las visitas a la playa, siempre veremos cómo alguien construye un castillo de arena. Es una de las cosas más divertidas para hacer a cualquier edad.

Hace muchos años, inicié un ritual de construir una pirámide de arena, en lugar de un castillo de arena. Siendo Mexicano, pensé que sería divertido por varias razones. La primera es que es más sencillo de construir y cualquiera puede hacerlo. No se necesitan instrumentos, cubetas, palas, ni nada especial, solo las manos. La segunda y más significativa, me dio la oportunidad de hablar con nuestros hijos sobre las pirámides, algo muy importante en nuestra herencia cultural. Finalmente, atrae la atención de la gente al pasar, que invariablemente se detienen y preguntan: "¿Qué están construyendo?" y nos da motivo para platicar, conocer gente y en muchas ocasiones, hasta reclutamos algunos ayudantes para la obra.

Ahora, cada vez que vamos a la playa, nuestros hijos saben y esperan que construyamos juntos una pirámide de arena. Se ha convertido en un ritual que, de forma muy indirecta, los mantiene conectados con su herencia mexicana. Creo que, de alguna manera, debemos tener en nuestros ancestros conexión con alguien que ayudó a construir las pirámides, o que las vio, o vivió cerca de ellas, o simplemente formó parte de esa cultura cuando estaba en su apogeo.

Hablando de compartir nuestra herencia cultural mexicana con nuestros hijos, hay tantas cosas por escribir que es imposible abarcarlas en una sola historia o incluso en un solo libro. Solo quiero decir que, en nuestras raíces familiares, es muy importante hacer con frecuencia cosas similares a la pirámide de arena. Cuando se vive en el extranjero y se está lejos de la cultura nativa, los padres tienen la responsabilidad de encontrar oportunidades para recordar a toda la familia de dónde vienen y hacerlo de una manera que les ayude a aprender algo importante sobre su identidad.

En nuestra familia, siempre celebramos todos los días festivos de México y las tradiciones que suceden durante el año, en paralelo con las festividades y tradiciones de los países donde vivimos cuando hemos estado allí. Siempre que es posible, nos reunimos con otros amigos y familiares que son paisanos, nos vestimos con los colores nacionales, cocinamos platillos típicos, ponemos música y bailamos al ritmo de nuestra cultura lo más seguido que sea posible. Gritamos cuando juegan los equipos nacionales y compiten los atletas del país, sin importar si ganan o pierden, y mantenemos nuestro idioma, chistes y lenguaje coloquial vivos para que nuestros hijos nunca los olviden y se sientan como en casa cuando visitemos el país.

Todos estos rituales y tradiciones fortalecen la conexión de nuestra familia con nuestras raíces culturales. Y suelen ser los más obvios y visibles para todos, incluso fuera de nuestra familia y amigos. En muchos sentidos, los colores de una bandera, la camiseta de la selección nacional, los cánticos y todos los festejos tradicionales que se celebran durante todo el año son lo que uno esperaría ver en una familia de ascendencia mexicana.

Hay otra dimensión de nuestra herencia mexicana que también me parece muy significativa y es conectar con la sabiduría de nuestros antepasados. Cada cultura la posee en forma de filosofía, enseñanzas, citas, refranes y otros tipos de sabiduría popular que se transmite de generación en generación. Si bien ni mi esposa ni yo somos expertos historiadores en este tema, muchas veces recordamos un dicho o un refrán en una situación particular y nos aseguramos de explicarles a nuestros hijos su origen, y hasta el día de hoy, lo convertimos en tema de conversación familiar.

Hay tantas perlas de sabiduría de nuestros antepasados, y nosotros buscamos resaltar aquellas que se alinean con nuestros valores familiares. Hay dos ejemplos que a mi esposa y a mí nos encantan y que ocasionalmente les explicamos a nuestros hijos son: "Los cuatro acuerdos de los Toltecas" y el "Saludo Maya".

Los cuatro acuerdos Toltecas son: 1) Sé impecable con tu palabra, 2) No te tomes nada personal, 3) No hagas suposiciones, 4) Haz siempre lo mejor que puedas. A medida que leas el resto de este libro, verás estos conceptos reflejados de alguna manera en cómo nos hablamos como familia, cómo nos esforzamos por resolver conflictos y cómo hacemos todo lo posible por cumplir nuestras promesas. Si bien rara vez hemos hablado de los cuatro acuerdos con nuestros hijos, lo más importante es que creemos en ellos y de manera sutil, los incorporamos a nuestros valores y comportamientos familiares. Si quieres aprender más sobre esto puedes leer el libro: **Los Cuatro Acuerdos: Una Guía Práctica para la Libertad Personal (Un Libro de Sabiduría Tolteca)** de Don Miguel Ruiz.

El Saludo Maya es bastante simple y a la vez poderoso. Las palabras mayas son: "In Lak'ech, Hala Ken", que significa: "Soy Tú, como Tú eres Yo". Esto también puede interpretarse como: "Eres mi otro yo. Si te hago daño, me hago daño a mí mismo. Si te amo y te respeto, me amo y me respeto a mí mismo". Esto es más que un saludo. Es un código moral, una declaración que va más allá de estar juntos, significa estar unidos, ser uno inseparable, transcendiendo las diferencias. Se refiere no solo a los humanos, sino también a un saludo y un sentimiento de unidad con toda la vida en la Tierra. Tiene un dibujo que representa dos manos entrelazadas, una arriba y la otra abajo.

Esta es en esencia la Regla de Oro de "Trata a los demás como quieres ser tratado", o incluso mejor, la Regla de Platino de "Trata a los demás como quieren ser tratados", que es algo que hemos reforzado con nuestros hijos desde que eran pequeños.

Como estos, hay muchos otros ejemplos de cosas que vemos, escuchamos o aprendemos de nuestras culturas ancestrales mexicanas y que forman parte de nuestras vidas hoy. Cada vez que lo decimos y compartimos, lo hacemos con orgullo y emoción, ya que es algo que está en la esencia de nuestras raíces y es fundamental que las mantengamos vivas.

Ideas Clave:

Honra y respeta la sabiduría de tus antepasados. Todos tenemos acceso a conocerla, a través de nuestros padres y abuelos que son la clave para aprender sobre ellos. Sé curioso, haz preguntas y aprende sobre los dichos y frases populares que forman parte de la vida cotidiana.

Siéntete orgulloso de tu herencia y mantenla viva en tu familia. Sé intencional, exprésalo y habla de ello con tu familia.

Canciones:

"Cielito Lindo" – Pablo Montero

"México Lindo y Querido – En Vivo" – Alejandro Fernández

"Huapango Moncayo (1941)" – Alondra de la Parra, Orquesta Filarmónica de las Américas

Cafecitos con Mamá

"Tomar un café con un buen amigo llena
mi taza en más de un sentido." – Siobhan Alvarez

Cada padre y madre pueden encontrar su propia manera de comunicarse y conectar con sus hijos. Como mencioné en un capítulo anterior, la mía es a través de hacer alguna actividad en particular, como practicar deportes, caminar juntos o también armar un rompecabezas o un Lego, o darle a cada hijo un masaje suave en la espalda y el cuello antes de dormir. Cuando quiero hablar de algo con mis hijos, rara vez digo: "Tenemos que hablar", en vez les digo: "¿Quieres salir a caminar o ir al gimnasio?" o "¿Quieres un masaje?". Y desde que nos dirigimos a la actividad, iniciamos la conversación sobre lo que me gustaría compartir o aprender de ellos.

Mi esposa también ideó una manera de crear un momento muy especial para conectar regularmente con cada uno de nuestros hijos. Desde que eran preadolescentes, los invitó a una tener una cita individual semanal con ella. Cuando cada uno estaba en su último año de preparatoria, sus agendas eran muy apretadas, entre amigos, deportes, actividades sociales, exigencias escolares y preparación para la universidad. En lugar de suspender esas reuniones semanales, mi esposa les dijo que era algo muy importante para ella, ya que irían a la universidad al año siguiente y quería tener esos momentos juntos antes de que se fueran, y les pidió priorizar en su agenda. Les ofreció que buscaran un día y una hora fijos para hacerlo, así que estaba planeado y previsto. Así lo hicieron y mi esposa encontró con cada uno algo que les gustaba hacer y ellos elegían el lugar. Para Andrea y Fernando, era ir a tomar un café; para Rodrigo ir a comer algo en su lugar favorito. Creo que no se trata realmente del tipo de bebida ni del lugar al que van, pero sí les ayuda a hacer algo que les gusta para empezar. Si la actividad en sí es algo que disfrutan y el entorno es propicio para la apertura, brindará la oportunidad de conectarse y centrarse el uno en el otro.

Darle prioridad y buscar tiempo para estar juntos es la mitad del premio. La otra mitad es saber qué hacer cuando están juntos. Mi esposa, sabiamente aprovechó este tiempo para acercarse a ellos de todas las maneras posibles, encontrando poco a poco la manera de hablar de todo lo importante. Escuchaba todo lo que querían compartir, su progreso en la escuela, chismeaba sobre cosas irrelevantes; les preguntaba por sus amigos y una vez encarrilados, entraba más a fondo hablando de temas como si alguien les gustaba o que ya eran sus novios-novias, y de cómo veían su vida al ir a la universidad, y de cualquier problema que tuvieran. Mientras compartían, ella también les contaba historias de ella misma a su edad y hablaba de las diferencias entre generaciones, las similitudes en valores y en las cosas que realmente importan.

Al ver cómo mi esposa hacía esto, me recordó la historia de **El Principito** escrita por Antoine de Saint-Exupéry cuando el principito le preguntó al zorro qué debía hacer para hacerse su amigo, y el zorro respondió:

"Debes tener mucha paciencia, primero te sentarás un poco lejos de mí, allá en la hierba. Te observaré de reojo y no dirás nada. Las palabras son fuente de malentendidos. Pero día a día, podrás sentarte un poco más cerca... Al día siguiente, el principito regresó. "Habría sido mejor volver a la misma hora", dijo el zorro. "Por ejemplo, si vienes a las cuatro de la tarde, empezaré a estar feliz a las tres. Cuanto más se acerque a las cuatro, más feliz me sentiré. ¡A las cuatro seré feliz! Pero si vienes a cualquier hora, nunca sabré cuándo debo preparar mi corazón... Debe haber ritos."

El mensaje aquí es generar confianza, invertir constantemente en una relación y mostrar interés genuino y preocupación por alguien. Esto aplica a cualquier entorno y relación. Por ejemplo, en el trabajo, como líder de Recursos Humanos, he descubierto que una de las maneras más efectivas de desarrollar y retener el talento es mediante reuniones uno-a-uno entre gerentes y empleados que sean con regularidad y significativas para ambos. Estas sesiones brindan un espacio dedicado para que los(las) gerentes se comuniquen frecuentemente con cada empleado(a), hablen sobre su bienestar general, escuchen y entiendan sus inquietudes. Es un espacio vital para construir la seguridad psicológica que abre las puertas para dar y recibir retroalimentación genuina sobre el desempeño de ambos como gerente y empleados, para dar capacitación y coaching en el momento, aprender unos de otros y como fin último, puedan diseñar en conjunto el plan de desarrollo y crecimiento profesional. Al mismo tiempo, cultivan una relación sólida, lo que finalmente lleva a que la persona se sienta valorada, atendida e inspirada para involucrarse plenamente y dar lo mejor de sí.

En las encuestas anuales de cultura organizacional, existe una correlación directa entre la satisfacción, la productividad y la efectividad de los empleados, y la frecuencia y calidad de estas reuniones uno-a-uno entre empleados y sus gerentes. Es suficiente tener al menos una sesión de alta calidad al mes, de manera regular, para comenzar a ver una diferencia significativa en la moral de la organización. Si tuviera que elegir una actividad que pudiera transformar significativamente la cultura organizacional de forma positiva, sería la implementación de reuniones individuales periódicas entre gerentes y empleados. En mi opinión, es una de las joyas de la corona de la gestión de recursos humanos en las organizaciones.

Y esto también ha sido cierto para nuestros hijos. Esas sesiones individuales semanales con mi esposa han hecho maravillas en su crecimiento y desarrollo hasta la edad adulta. Y han creado un lazo de amor inquebrantable, una cercanía y una costumbre muy fuerte en su comunicación habitual hasta el día de hoy. Aunque ahora viven en lugares diferentes, nuestros tres hijos siguen teniendo "cafecitos virtuales", y siempre que están en el mismo lugar ya sea que vienen a casa o que vamos a visitarlos, ellos mismos procuran tener un cafecito en vivo con su Mamá.

En definitiva, el secreto es muy sencillo, se trata de invertir tiempo de calidad, dedicar toda tu atención, escuchar y hacerlo de forma rutinaria, consistentemente, convirtiéndolo en un ritual, de modo que se convierta en una actividad natural y esperada por ambas partes.

Ideas Clave:

Es de suma importancia que cada padre y madre encuentren una manera de comunicarse frecuentemente y de forma uno-a-uno con cada hijo(a) para desarrollar una relación personal.

Puede hacerse a través del deporte, tomando un café o haciendo algo que les guste. Lo importante es que se haga con regularidad.

Canción:

"I'll Be Here" – Colbie Caillat, Sherryl Crow

Promesas Hecha, Promesas Cumplidas - Haz lo que dices

"La gente con buenas intenciones hace promesas.
La gente con integridad las cumple." – Desconocido

Si hay algo que quisiera elegir que mis hijos digan de mí es que siempre cumplo mis promesas. Siempre he creído que, como padre, el regalo más preciado que puedo darles es la certeza de que pueden contar conmigo cuando lo necesiten. Cuando ves a una hija o a un hijo decirle a alguien con absoluta certeza que su padre estará ahí o hará algo porque lo prometió, puedes sentir la confianza que se ha construido en esa relación basada en el amor y la integridad personal.

Esta es una enorme responsabilidad que no debe tomarse a la ligera. Si prometes hacer mil cosas y solo cumples unas pocas, tu credibilidad queda dañada para siempre. Considero que una promesa es un regalo muy especial que debe usarse con sabiduría, y que funciona mejor cuando se da desinteresadamente, no cuando se pide casualmente o inclusive cuando se le requiere a alguien que lo haga.

Dicho esto, nadie es perfecto (y yo soy el ejemplo perfecto de no serlo), y a veces la vida sucede y nos descontrola por completo. En esos pocos casos en los que la única opción es romper una promesa, la clave está en cómo se rompe, para que tu palabra de honor conserve su valor. En nuestras vidas ajetreadas con trabajos, familias, amigos y múltiples actividades que nos llevan en muchas direcciones, he aprendido que hacer promesas y cumplirlas se trata de enfocarse en lo que realmente importa ahora y en el futuro.

Añadir perspectiva a una decisión puede aportar mucha claridad cuando necesitas elegir entre dos opciones aparentemente imposibles, en particular cuando se pone en peligro el cumplimiento de una promesa hecha. Por ejemplo, si tu jefe te dice a última hora que necesitas ir a un evento que entra en conflicto con la promesa que le hiciste a tu hija pequeña de asistir a su obra de teatro, puedes añadir perspectiva para ayudarte en la decisión preguntándote: "Dentro de 10 años o más, ¿qué habría importado más? ¿Ir al evento empresarial o estar presente para mi hija?". También puedes preguntarte: "¿Qué me gustaría tener como recuerdo de hoy dentro de 10 años? ¿Ir a esa reunión o ir al recital de mi hija?". La respuesta se vuelve brutalmente clara. La vida nos presenta paradojas y situaciones conflictivas todo el tiempo. Conocer tus valores y ser congruente con ellos en tus acciones y decisiones, demuestra tu carácter.

Esto funciona de maravilla en más del 95 % de las promesas y eventos, ya que te ayuda a alinear tu decisión con tus valores esenciales. En los pocos conflictos que escapan por completo a tu control, o cuyas consecuencias, tanto presentes como futuras, son tan graves que hacen inevitable tu decisión de romper tu promesa, es crucial hacerlo de forma que proteja el corazón de los involucrados.

Por ejemplo, una promesa nunca debe romperse por sorpresa, es decir, que la persona se entere a través de un tercero (un mensajero) o después del hecho. Si hiciste una promesa, honras tu compromiso de volver con la persona antes del momento en que se llevaría a cabo lo prometido para comunicarle por qué necesitas romperla esta vez, asumiendo tu decisión y explicando los hechos que escaparon a tu control. Y lo haces en el primer momento en que te das cuenta de que has tomado la decisión de romper la promesa.

Si bien no hay sustituto para una promesa incumplida, puedes establecer un nuevo compromiso para cumplirla lo antes posible, la próxima vez, en el próximo evento. Si no hay otro evento u oportunidad similar, habla sobre el impacto de romper la promesa, comprende los sentimientos de la persona que contaba con tu promesa y asume tu decisión de romperla, sin excusas ni culpar a otros por las circunstancias, ya que, en la gran mayoría de los casos (excepto cuando las fuerzas de la naturaleza o los desastres ocurren inesperadamente), existe la posibilidad de que la persona elija entre cumplir la promesa o romperla.

Una vez que la comunicación sobre el incumplimiento de una promesa es clara, no hay necesidad de negociar ni regatear por una compensación o un premio de consolación. Esa es una salida fácil que diluye tu responsabilidad y apacigua tu conciencia. Lo mejor que puedes hacer es cumplir tu promesa la próxima vez para recuperar la credibilidad. Así de simple.

Cuando digo que uses tus promesas sabiamente, no me refiero a evitar comprometerte a hacer cosas. Al contrario, me refiero a conocer tus valores y prioridades lo suficientemente bien como para que puedas comprometerte conscientemente a prometer algo que sabes que, pase lo que pase, cumplirás.

Me encanta hacer promesas y cumplirlas, y cuando lo hago, realmente disfruto el momento en que puedo acercarme a mi esposa e hijos, o a quien sea que le prometí hacer algo, y con un abrazo, un beso, o un apretón de manos, puedo decir las palabras: "Promesa hecha, promesa cumplida".

Ideas Clave:

Tu promesa es tu palabra de honor. Sé congruente con tus valores al tomar decisiones y comprometerte a cumplir una promesa.

Si decides romper una promesa, asúmelo, no culpes a los demás ni a las circunstancias; es tu decisión romperla. Comunícate de manera oportuna, personal, con cuidado y responsabilidad para restaurar tu credibilidad y confianza.

Canciones:

"One Call Away" – Charlie Puth

"Stand by Me" – Ben E. King

Las Tareas del Esposo y del Papá

"El secreto de tu futuro se esconde en tu rutina diaria." – Mike Murdock

Soy un creyente del poder de los hábitos y el poder de enfocarse. El poder de los hábitos se puede resumir como: "Tu destino está en lo que haces", mucho mejor explicado por James Clear en su libro llamado **Hábitos Atómicos**: "Todas las grandes cosas provienen de pequeños comienzos. La semilla de cada hábito es una sola y pequeña decisión. Pero a medida que esa decisión se repite, un hábito brota y se fortalece". Esto se aplica a todas las cosas que hacemos en nuestras vidas, especialmente en nuestras relaciones. Dicho en otras palabras, por el gran filósofo griego Aristóteles: "Somos lo que hacemos repetidamente. La excelencia, entonces, no es un acto, sino un hábito". Esto es un recordatorio de que nuestras acciones realmente moldean quiénes somos y en quiénes nos convertimos.

El poder del enfoque se resume en priorizar las pocas cosas que realmente importan, esos "grandes pilares" que son las prioridades más importantes en tu vida. Combiné estas dos ideas: hábitos y concentración, en mi rutina diaria en un recordatorio visual muy sencillo que llamé "Lista de tareas del Esposo" y "Lista de tareas del Papá". Escribí en dos notas adhesivas, una para cada lista, donde incluí los cinco hábitos en los que decidí enfocarme como las cosas más importantes en mis roles de esposo y padre:

Lista de tareas como Esposo:
* Tenemos tiempo juntos como pareja cada semana para nutrir nuestra relación. Sin hijos, sin amigos, solo nosotros dos.
* Sorprenderla al menos una vez al mes.
* Apoyar sus metas y aspiraciones. Preguntarle sobre ellas, mostrar interés y hablar del tema.
* Reír y bailar, tanto como podamos, tan a menudo como sea posible.

- ¡Romance! ¡Romance! ¡Romance! Amar es un verbo. Mantengo vivo nuestro romance con mis acciones, con pequeños y grandes gestos, frecuentemente.

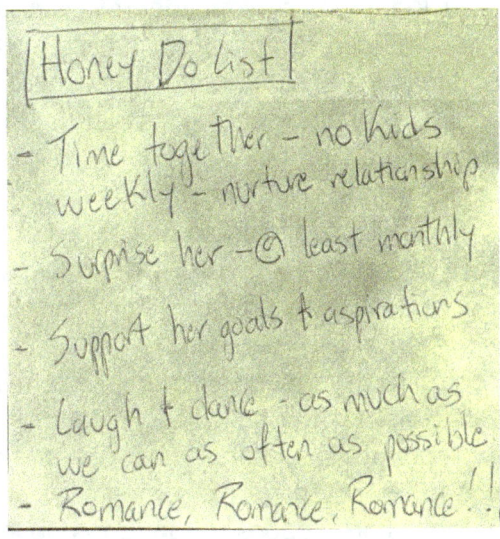

Lista de tareas como Papá:
- Encontrar una cosa que a cada hijo(a) le guste hacer y hacerlo con ellos a menudo.
- Conocer a sus amigos.
- Flexibilizar los límites sin comprometer los valores.
- Dedicar un momento para conversar con cada hijo(a) antes de que se duerman.
- Estar ahí para ellos, asistir y estar presente en todos sus eventos importantes.

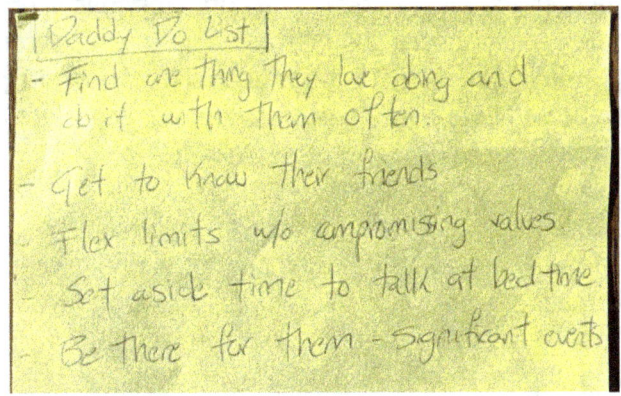

Coloqué estas notas adhesivas en un lugar donde puedo verlas cada mañana mientras me preparo para el día. Me sirven como recordatorio rápido, como mi lista personal del día para cuidar esas valiosas relaciones en mi vida. Identificar estos hábitos es el primer paso; lo más difícil es vivirlos. Decidí incluirlos en mi calendario, por ejemplo, programando un tiempo semanal con mi esposa los miércoles para ir al cine; poniendo un recordatorio en un día del mes para sorprenderla con un regalo inesperado o hacer algo especial por ella (cuidar a los niños, hacer tareas extra en casa, llevar flores sin motivo, etc.). También hago lo mismo con mi rol de padre. Pienso constantemente en lo que le encanta hacer a cada uno de nuestros hijos: para mi hija es la música y bailar; para mi hijo Fernando, un masaje por la noche, ir al gimnasio, correr, o hacer senderismo; y para mi hijo Rodrigo, jugar al fútbol, baloncesto o ver películas de superhéroes. Hasta el día de hoy, me propongo hacer estas cosas siempre que estamos juntos. Reviso sus intereses periódicamente y, a medida que crecemos actualizo las actividades y sigo tomando la iniciativa de hacer esas cosas juntos tan frecuentemente como sea posible.

No soy experto en relaciones, pero puedo asegurarles que estas cosas funcionan. Por ejemplo, conocer a los amigos de tus hijos y mostrar interés en las personas con las que quieren convivir es clave para entrar en su mundo. Se trata de ir más allá de lo superficial, que es llevarlos a hacer actividades, darles de comer cuando vienen de visita o verlos practicar deportes o jugar. Significa mostrar interés real en conocer a sus amigos, tener una conversación significativa con ellos, hacer preguntas y escucharlos para conocer sus intereses, sus metas y comprender cómo se relacionan con tus hijos, conociéndolos sin juzgarlos. Más adelante en este libro dedico un capítulo completo a explicar esto con mayor detalle.

Flexibilizar los límites sin comprometer los valores es el arte de la crianza de los hijos. A medida que los niños crecen, quieren explorar más, hacer más, vivir más, y eso significa poner a prueba los límites familiares. Lo que ayer aceptaron sin dudarlo, será desafiado mañana. Tener una hora límite para llegar a casa es un buen ejemplo. El diálogo sobre un límite no debe enfocarse solo en la regla que se debe aplicar, debe hablarse del valor subyacente, la razón detrás de la regla, y si el límite se va a flexibilizar, reafirmar que el valor sigue prevaleciendo. Si el toque de queda es a las 10 p.m. para un adolescente, el valor fundamental es su bienestar y seguridad. Si un adolescente pide ir más allá de su hora límite, la conversación debe centrarse en cómo garantizar su bienestar y seguridad para que, en lugar de conducir de regreso solo(a), un adulto o un hermano mayor pueda conducir y acompañarle y explicar por qué es necesario. El punto es hablar sobre cómo flexibilizar los límites, teniendo siempre en cuenta los valores fundamentales de cada situación.

Dedicar tiempo a conversar antes de dormir es una de las joyas de la corona de la crianza a cualquier edad, desde que son niños pequeños hasta que se convierten en adolescentes y adultos. Esos últimos minutos del día, cuando están a punto de dormir, se abre un canal de comunicación inigualable. Puede ser que hay un entorno tranquilo, con poca luz, poco ruido, sin distracciones y la relajación de cuerpo y mente, lo que crea una oportunidad ideal para conversar temas realmente importantes de forma receptiva. Puede ser tan simple como preguntarles sobre su día, tener un ritual de gratitud por lo que sintieron que fue positivo en lo que vivieron, orar juntos por algo que les importa, ayudarlos a descargar algo que les roba la paz y brindarles consuelo, darles ánimo, cualquier consejo o sabiduría que puedas ofrecerles, o simplemente escucharlos y ayudarlos a conciliar el sueño para que descansen y tengan energías renovadas para afrontar el problema al día siguiente.

Estar presente en eventos importantes también es algo muy trascendental en sus vidas. Siempre que tus hijos tengan alguna actividad relevante, evento escolar, aficiones o partidos deportivos decisivos, reuniones con profesores, citas médicas, etc., el que ellos sepan que pueden contar con el apoyo y presencia de sus padres es fundamental. Cuando en el evento se dan la vuelta, levantan la mirada y te ven ahí, algo se ilumina en su corazón que les hace saber instintivamente que son especiales, queridos, que son la persona más importante del mundo para ti en ese momento. Eso es insustituible. Estar presente es importante, a cualquier edad.

Estas cosas me han funcionado, así que te invito a que hagas tus dos o tres "listas de tareas" y definas esos 5 hábitos en los que quieres enfocarte regularmente en tus relaciones más importantes y los realices en tu vida diariamente.

Ideas Clave:

Define los comportamientos o hábitos importantes en los que puedes concentrarte en tus relaciones más importantes, con tu cónyuge/pareja, tus hijos o cualquier ser querido.

Sé selectivo(a), elige de 3 a 5 "pilares" que consideres más importantes. Escríbelos y tenlos a la vista. Léelos a diario y ponlos en práctica.

Canciones:

"I'll Be There" – Mariah Carey

"Godspeed (Sweet Dreams)" – The Chicks

Resolver conflictos sin dañar las relaciones

"El mejor camino para salir es siempre a través." – Robert Frost

Si hay una habilidad útil para la vida que puedo decir que aprendí de mi padre, es a resolver conflictos sin pelear. Mis padres llevan casi 60 años casados y nunca he visto a mi padre levantarle la voz a mi madre. Sé que han tenido grandes desacuerdos, se han enojado el uno con el otro y han tenido motivos de sobra para pelear.

En particular, recuerdo haber visto algo que mi padre hacía intencionadamente cuando la tensión empezaba a aumentar, y mi madre elevaba el tono en las discusiones y las emociones la dominaban. Mi padre mantenía la calma, siempre con un volumen de voz bajo, prestando más atención, escuchando atento y simplemente buscando asimilar lo que estaba pasando. No se retraía, se mantenía concentrado y respondía, pero siempre con calma y serenidad. Nunca utilizando insultos, siendo siempre un caballero, respetuoso con las palabras y los gestos y siempre buscando la manera de mantener el diálogo.

El ejemplo estoico de mi padre influyó en gran medida en cómo yo manejo los conflictos en todas mis relaciones y ha reforzado mi convicción de que es posible resolverlos sin dañar las relaciones. En mi práctica como líder de recursos humanos y coach de líderes, he aprendido algunas lecciones adicionales que creo que marcan la diferencia al resolver conflictos entre dos o más personas:

- Escucha primero, prestando atención (sin estar solo pensando qué responder), así podrás entender cuál es el problema.

- Antes de reaccionar, haz preguntas para profundizar en el tema y poder entender el comportamiento y por qué es importante para la otra persona.

- Afronten el problema juntos, pónganlo enfrente de los dos, no en medio o en alguno de los lados. Visualicen que ambos están en un bote con un agujero. Al final, no importa de qué lado del bote esté el agujero; si no encuentran una solución, el bote se hundirá con ambos a bordo.

- Usa siempre un lenguaje respetuoso. Mantén un volumen bajo y busca de-escalar el tono. Esto por sí solo será de gran ayuda.

- No te apresures a reaccionar a la conversación. Respira, piensa, haz una pausa para que puedas elegir cómo quieres responder y resolver el problema.

- El problema puede ser un comportamiento, o una acción, o una situación. No define quién eres como persona o quién es la otra persona. Es muy diferente decir: "Estoy molesto porque _hiciste_..." que decir: "Estoy enojado contigo porque _eres_...". Habla del comportamiento, no etiquetes a la persona.

- Di lo que piensas. Cuida tus palabras y tu lenguaje corporal. Lo que dices y cómo lo dices puede ayudarte a avanzar o empeorar las cosas.

- Iguala el nivel de energía de tu pareja o de la otra persona. Presta atención a la emoción sin juzgar. No descalifiques las emociones (por ejemplo, haciendo bromas si la otra persona está enojada).

- No te rindas ni abdiques. Decir "me vale", nunca es una respuesta. Aduéñate de la situación, entiende cómo has podido contribuir a que el problema exista, ten un punto de vista y busca el diálogo.

Hacer esto no es tarea fácil. Requiere práctica y voluntad para dejar atrás el ego y el deseo de "ganar" un argumento o una discusión. Aprendí esta lección de mi padre, quien realmente no tiene ego y solo se preocupa por lo mejor para la relación. Aprendí del maestro e intenté transmitirlo a mi familia.

Es muy importante aprender a hacer esto en tu propia vida, ya sea con un amigo, novio/novia, pareja, y más adelante con tus propios hijos. El primer paso es ser un ejemplo a seguir con tus acciones, para demostrar cómo puedes resolver conflictos sin dañar las relaciones. Creo que es perfectamente normal y formativo que los niños presencien conflictos entre los padres y vean cómo los resuelven, en lugar de enviarlos inmediatamente a sus habitaciones por miedo a que la situación se salga de control. De igual manera, creo que es perfectamente normal y realmente necesario que los niños vean a sus padres abrazarse y besarse. Esto les enseña algo invaluable sobre cómo emular el ejemplo de sus padres en sus propias relaciones en el futuro.

Mi esposa y yo hemos aprendido cuáles son los elementos centrales de nuestras distintas personalidades a la hora de resolver nuestros propios conflictos. Cuando hago algo que a ella le molesta, sé que necesita hablarlo de inmediato, que necesita compartir lo que siente en ese momento. Por mi parte, necesito un poco de tiempo para procesar las cosas y ordenar mis ideas y emociones antes de hablar de ellas. Nos ha llevado varios rounds aprender esto. Cuando no coincidimos en nuestros diferentes niveles de energía, chocamos y tardamos más en resolver nuestros conflictos, pero finalmente lo logramos, siguiendo los principios descritos anteriormente. No importa cuán frustrados estemos, no dejamos que la situación se agrave. Conocemos nuestros límites y sabemos cuándo podríamos necesitar un descanso. El secreto está en decir lo que uno piensa y siente, en vez de asumirlo o tratar de adivinarlo.

Tan importante como enseñar a nuestros hijos a resolver sus conflictos y ser un ejemplo de cómo hacerlo con su pareja, es resolver cualquier conflicto directamente entre ellos y con cada uno de los padres. Es fundamental comprender que, desde pequeños, los niños tienen una voz que debe ser escuchada, y que los padres deben establecer límites y enseñarles a asumir las consecuencias de sus actos; y por supuesto también cuándo los padres deben hacerse responsables de sus propios comportamientos por haber hecho algo que podría haber dañado la relación con sus hijos.

Nunca es demasiado pronto ni demasiado tarde para aprender a resolver conflictos de forma constructiva y preservar el bienestar de nuestras relaciones. Busquen el diálogo, indaguen y faciliten conversaciones para ayudar a resolver conflictos con sus hermanos y amigos.

Ideas Clave:

Aprender a resolver conflictos sin dañar las relaciones es una habilidad fundamental que podemos transmitir a nuestros hijos. Todo empieza con nuestro ejemplo. Deja que tus hijos vean cómo resuelves los conflictos con tu pareja.

Concéntrate en el comportamiento (lo que hizo la persona y por qué fue importante para ti) y no en quién es (juicio). Plantea el problema frente a ambos para que puedan resolverlo juntos.

Canciones:

"Still into You" – Paramore

"You're Still the One" – Shania Twain

Mi espacio, Tu espacio, Nuestro espacio

"No se puede disfrutar ser dueño de algo valioso a menos de que se tenga a alguien con quién compartirlo." – Séneca

Aprender a vivir con alguien puede ser toda una experiencia. Dependiendo de tu personalidad y hábitos, podrías no prestarle atención en absoluto o, por el contrario, puede llegar a convertirse en un tema central de discusión constante. En mi caso, soy el segundo de cuatro hermanos por lo que desde niño siempre compartí habitación con mis dos hermanos. Luego, al crecer y salirme de la casa, viví con amigos y finalmente me casé. Siempre he compartido espacio con alguien más, así que siento que he aprendido algunas cosas sobre cómo hacer que la convivencia funcione.

Ten tu propio espacio. No importa si es grande o pequeño, creo que cada miembro de la familia necesita un espacio que considere sólo suyo. Puede ser su cama y un baúl, una habitación completa con baño, un estudio o cualquier otro rincón de la casa. Este es un lugar donde suceden dos cosas: 1) Cada miembro de la familia puede expresar su propia personalidad, ser quién es, y 2) Poder sentir lo que es ser dueño de algo y asumir la responsabilidad de cuidarlo.

Tener nuestro propio espacio. Además de que cada miembro de la familia tenga su propio espacio, cuando hay hijos, creo que los padres necesitan su propio espacio y que sea realmente propio, y sea un espacio de adultos. En nuestro caso, decidimos que nuestra habitación era nuestro espacio. Aunque parezca obvio, lo hemos hecho con mucha intención. Por ejemplo, solo tenemos fotos de mi esposa y mías en este espacio; no tenemos fotos de los niños, ni álbumes de fotos familiares, ni otras cosas relacionadas con la familia.

Tampoco tenemos juguetes, ropa ni nada de nuestros hijos. El resto de la casa está llena de cosas que, por supuesto, son muy importantes para nuestra vida familiar. Pero nuestra habitación es nuestro espacio, el lugar donde recordamos cómo empezamos y quiénes somos como pareja.

Por supuesto, disfrutamos estar todos juntos en nuestra habitación, acurrucados con los hijos en nuestra cama, jugando, charlando y conviviendo en familia. Este no es un espacio restringido, simplemente es un lugar que, al terminar el día, cuando lo ordenamos y cada uno se va a su habitación, vuelve a ser nuestro espacio, nuestro centro, el inicio y la fuente donde nos alimentamos y nos llenamos de energía para seguir adelante. Sé que esto puede parecer un poco extremo, y entiendo por qué alguien podría verlo así. Pero funciona para nosotros, y permítanme ilustrarlo en dos etapas distintas de la vida:

La primera es en esos años del inicio de la vida familiar, cuando los hijos son pequeños. La casa es un torbellino de juguetes, pañales, ropa que cambia de talla constantemente, aparatos y todo tipo de cosas que acompañan a los años escolares y sus actividades. Estos objetos pueden abarcar literalmente toda la casa. Al terminar el día y terminar la rutina de limpieza, en verdad se siente como un oasis entrar en la habitación de los adultos, solos los dos, sin rastro de los pequeños, ya que están en su propio espacio, con todas esas cositas preciosas cerca de ellos. Es refrescante para la mente y nos da el respiro necesario para recargar energías y empezar de nuevo al día siguiente.

La segunda es cuando los hijos han crecido y se van a la universidad y aún más adelante. En esta etapa, tiene aún menos sentido tener todos los objetos que han sobrevivido, los recuerdos, fotos y demás cosas guardadas en nuestra habitación. Tenemos espacio de sobra por toda la casa y podemos ser selectivos con las cosas más preciadas que conservamos, ya que representan el mayor valor sentimental. Al mismo tiempo, queremos mantener esas cosas lejos de nuestra habitación para que no sean un recordatorio constante de que los hijos ya no están ahí. Sin duda, podemos caminar un poco más para ver los objetos donde decidamos guardarlos o exhibirlos en otras habitaciones de la casa. Ir a nuestra habitación, donde solo vemos nuestras cosas, sirve como un bálsamo para la mente y el corazón. Nos da el respiro necesario para recargar energías y planificar la próxima vez que estaremos con nuestros hijos, o simplemente sirve para distraernos y seguir planeando otras cosas a las que queremos dedicarnos en esta etapa.

Ideas Clave:

Asigna un espacio a cada miembro de la familia para que sea completamente suyo y lo pueda utilizar y decorar según su propia personalidad y forma de expresión.

Asigna un espacio que sea exclusivo para la pareja, sin cosas de los hijos; conviértanlo en su "oasis mental" privado en su propia casa.

Canción:

"Our House" - Madness

Espiritualidad en Acción - Voluntariado y Servicio en Familia

"No puedo hacer todo el bien que el mundo necesita, pero el mundo necesita todo el bien que pueda hacer." – Jana Stanfield

Cada persona y cada familia vive su propio camino espiritual a su manera. Respeto todas las creencias y formas de conectar con Dios o con un ser superior. Sea cual sea la fuente de la vida espiritual, creo que puede cobrar vida y dar frutos sirviendo a los demás. El mundo lo necesita con urgencia, y lo más maravilloso es que, al hacerlo, se recibe mucho más a cambio.

Al realizar actos de servicio, no solo ayudas a alguien necesitado, sino que también descubres cómo conectar con otros seres humanos, entender su situación y aprendes mucho sobre ti mismo, tus creencias, tus paradigmas, tus fronteras y tus limitaciones. Aprecias y sientes una mayor gratitud por tu vida y mucho más. Hacerlo tu solo, te proporciona todos esos maravillosos aprendizajes, y hacerlo junto con otros multiplica el efecto y crea un vínculo maravilloso formando una comunidad llena de amor.

Hay pocas cosas que unen tanto a una familia como servir a otras personas que lo necesiten. Las lecciones de vida y lo que aprendes sobre tu propia familia al servir a los demás son invaluables. He tenido el privilegio de ver este impacto en mi familia en varias formas conforme nos hemos voluntariado juntos a través del tiempo. En una ocasión, fuimos a un viaje de misiones a las afueras de la Ciudad de México durante la Semana Santa. Nuestros hijos eran preadolescentes en ese entonces y el impacto que esto tuvo en ellos fue casi indescriptible. Ver a tus hijos interactuar con otros niños que viven en casas improvisadas, sin piso, solo tierra, sin posesiones y con apenas lo suficiente para comer, y observar a tu familia cuidándolos, jugando juntos, aprendiendo sobre sus vidas y comprendiendo su realidad durante varios días fue una experiencia hermosa y conmovedora.

La importancia de servir en familia reside en la oportunidad de involucrarse en una causa que vale la pena, de transformarse en un agente de cambio para alguien, de brindar felicidad, esperanza y aliviar la carga de quienes lo necesitan, de mostrarles el amor con nuestras acciones. Por eso, servir en familia nos levanta y alimenta el espíritu. No se trata de la foto para postear en Instagram, o la tendencia # a seguir, o la camiseta para coleccionar, o los créditos académicos que se obtienen para cumplir algún requerimiento de la escuela. Se trata de mejorar la vida de alguien, con amor, y hacerlo en familia les traerá valiosas recompensas de maneras inimaginables.

Servir en familia también implica construir una comunidad más fuerte. Es una responsabilidad de todas las familias crear el mundo en el que queremos vivir, ahí mismo donde vivimos. No se trata sólo de dar lo que ya no usas, ni de dar el dinero que te sobra a una persona sin hogar mientras caminas por la calle, ni de dar algo a quienes están lejos, en otro país, y que, aunque lo necesitan mucho, quizás nunca veas en persona. Todos podemos hacer estas cosas, pero aún más importante, se trata de conectar con quienes viven cerca y a nuestro alrededor. Ese es el significado de "amar al prójimo", empezando por amar al que está más próximo, más cerca, a todos tus vecinos, y de ahí extenderse a amar a otros.

Recientemente leí un libro llamado **El Precio de la Humanidad** de Amy Schiller, que tiene un enfoque transformador sobre la filantropía donde la define como: "La filantropía debe ser un compromiso con la máxima expresión de la humanidad, para construir lugares hermosos para nuestras comunidades y afirmar que todos merecen belleza, vida social, arte y oportunidades para el autocultivo. Como una forma de usar el dinero para que las personas se sientan libres". Qué maravillosa manera de involucrar a tu familia en un propósito tan aspiracional, no solo para enseñarles a dar lo que ya no necesitan o a dar unas monedas a alguien en la calle, sino más bien, a comprometerse con un programa que romperá el ciclo, para interactuar con las personas detrás de él y ver el impacto en sus vidas a través de tus acciones.

Si hay algo que desearía que todas las familias pudieran hacer más, es servir a otros y hacerlo juntos en familia. Yo pienso seguir haciéndolo. Te invito a que seas intencional, a involucrarte, a encontrar tiempo para hacerlo y a animar a tu familia a hacerlo juntos tan a menudo como sea posible.

Ideas Clave:

Realizar servicio comunitario en familia les aportará mucho más de lo que dan. Además de hacer la diferencia para los demás y mejorar sus perspectivas de vida en la comunidad, fortalecerá el amor y los lazos familiares para siempre.

Se intencional, busca oportunidades regularmente, involúcrense con personas y causas que estén cerca de donde viven, para que puedan ver sus caras y presenciar el impacto de las acciones de su familia en sus vidas.

Canciones:

"Heal the World" – Michael Jackson

"Hoy Queremos Dar" - Eduardo Ortiz Tirado

"Rise Up" – Andra Day

"Look For the Good" – Jason Mraz

"Shine Your Light" – Master KG, David Guetta, Akon

1 millón de besos y "te amo" y contando

"El amor no es algo que se encuentra.
El amor es algo que te encuentra a ti." – Loretta Young

Desde niño aprendí una hermosa palabra en México que mi madre usaba constantemente: "apapacho", de origen Náhuatl, que significa "abrazar con el alma". En México, las familias la aprenden rápidamente y la usan como una forma inequívoca de expresar amor.

En nuestra familia, tenemos muchas maneras de "apapacharnos" o "abrazarnos con el alma" aún cuando no estamos siempre en el mismo espacio. Con varias mudanzas entre países, un gran número de viajes ya sea juntos para visitar a nuestros familiares y amigos, o cada miembro de la familia viajado solos conforme han ido creciendo; con varios años de ir y venir a la universidad en otro estado y haberse quedado a vivir allá; el resultado neto del estilo de vida familiar que hemos elegido es que nos hemos acostumbrado a estar separados en diferentes lugares con frecuencia. Desde muy pequeños, empezamos a decir "Te quiero" o "Te amo", cada vez que nos despedíamos, y eso se extendió a cada vez que colgábamos el teléfono, o incluso cada vez que terminábamos un mensaje de texto. Se ha convertido en parte de nuestro lenguaje de amor familiar.

Entiendo que en algunas culturas, decir las palabras "te amo" puede parecer tener mucho peso; por ejemplo, ves en las películas una pareja que ha estado saliendo en algunas citas y de repente uno dice "te amo" y la situación se vuelve incómoda, la otra persona no sabe cómo responder y piensa demasiado en toda la relación de pareja, con preguntas como "¿qué significado tiene que me lo haya dicho?", "¿por qué no pude decirlo de vuelta?", "si lo digo ahora será extraño", y se producen todo tipo de situaciones estresantes.

Creo que decir "te amo" no debería ser tan difícil. El amor tiene muchas facetas. Decimos "te amo" al final de un mensaje o una llamada; puedes decirle "te amo" a un amigo querido que no has visto por un tiempo, porque te encantó reconectar. Y, sin duda, puedes decirle "te amo" a alguien con quien sales sin miedo a expresarlo. El amor es una elección, es una acción, y es una forma maravillosa de expresarle a alguien que es importante en tu vida. Eso es todo. A medida que continuamos nuestro camino como familia en este mundo, seguiremos diciéndolo constantemente; ya casi hemos llegado al millón de veces, y seguimos contando...

Más allá de las palabras, hay muchas otras maneras de "apapachar"; por ejemplo, mi esposa y yo tenemos el ritual de no salir de casa todas las mañanas sin darnos un beso de despedida ni irnos a dormir sin un beso de buenas noches. Y como familia, practicamos constantemente nuestros famosos abrazos de 20 segundos. Leí en algún lugar que se ha estudiado científicamente que abrazar a alguien durante 20 segundos reduce los efectos nocivos del estrés y es bueno para el corazón. Puedo decir por experiencia que funciona. Si sostienes un abrazo durante 20 segundos, sientes literalmente una oleada de relajación, respiras profundamente y te sientes mejor al instante (nuestro hijo Rodrigo se lleva el trofeo a los mejores abrazos de oso de 20 segundos en la historia). Mi esposa y yo también practicamos con regularidad el beso de 6 segundos, que también se sabe que libera oxitocina y ayuda a crear una conexión y un vínculo más fuerte con la pareja. Mi esposa y yo somos conocidos por abrazarnos en público, ya que creo que este tipo de muestra pública de afecto es perfectamente normal. Ver a una pareja abrazarse o besarse, ver a amigos, familias y a cualquiera que exprese sus sentimientos, es absolutamente maravilloso. Creo que es muy necesario y puede ser muy beneficioso para nuestra sociedad.

Sea cual sea tu forma de expresar amor, de " apapachar " y abrazar con el alma, hazlo con tu familia, en cualquier momento, siempre y tanto como sea posible. Esto les da a tus hijos desde pequeños una sensación de seguridad psicológica, al saber y sentir que son amados con regularidad, y al aprender que el amor es algo que se expresa constantemente, que se dice, se da y se recibe y que es algo integral en su vida diaria.

Ideas Clave:

No dudes ni pienses demasiado en decir "Te amo". Simplemente hazlo con tu familia tan a menudo como puedas.

El amor es abundante. Cuanto más das, más tienes para seguir dando.

Canción:

"I Love You" – Barney

El regalo de Navidad que necesitas

"El mejor regalo alrededor de cualquier árbol de Navidad
es la presencia de una familia feliz,
abrazados unos a otros." – Burton Hills

Pienso que los días festivos de cualquier denominación religiosa representan una oportunidad única para que las familias se reencuentren con sus raíces y fortalezcan sus lazos. El mero hecho de que las personas elijan estar juntas, decidan viajar grandes distancias para poder reunirse e invertir varios días con sus seres queridos merece respeto y un buen nivel de preparación.

Estos son momentos para conectar con toda nuestra familia extendida, traer nuevos miembros al clan, compartir historias, aprender más sobre de dónde venimos, reír, llorar, bailar, orar, reflexionar, dar vida a las tradiciones familiares y expresar nuestro amor mutuo de muchas maneras.

En nuestra familia celebramos la Navidad y, junto con el gran significado espiritual que representa, hemos incorporado algunas tradiciones familiares para celebrar nuestro amor. Una tradición muy sencilla es usar pijamas iguales el día de Navidad. De los 365 días del año, ese día tenemos la oportunidad de dormir juntos en familia. Es una vista hermosa despertar todos con el mismo pijama, después de dormir hasta tarde, y llegar a desayunar juntos. El hecho de que esos pijamas no se usen mucho más después de las fiestas no es realmente importante, sino el propósito que cumplen para crear un recuerdo compartido; y si viene acompañado de hot cakes caseros, sin duda hace el momento aún más memorable.

Otra tradición muy especial que hemos mantenido durante varios años es lo que llamo "Puede que no recibas el regalo que quieres; sino el regalo que creo que necesitas". Empezamos esto con nuestros hijos para reducir el enfoque materialista sobre cuánto dinero gastar en regalos de Navidad. Se trata de un intercambio familiar de regalos donde cada miembro de la familia da algo simbólico para los demás, conseguido muchas veces en tiendas de bajo costo, o incluso mejor si es hecho por ellos mismos.

La idea es encontrar algo que creas que el otro familiar necesita más en su vida y acompañar el regalo con unas palabras que expliquen el por qué pensaste que lo necesita. Por ejemplo, si crees que alguien necesita más enfoque para alcanzar sus metas, podrías regalarle una lupa pequeña. O si alguien necesita relajarse más, podrías regalarle unas gafas de sol baratas.

Un año, mi esposa estaba cambiando de carrera profesional, así que le di una pequeña pizarra portátil de borrado en seco, que simbolizaba un lienzo en blanco, donde ella podía probar cosas nuevas, borrar y rehacer tanto como fuera necesario.

Para mi hija Andrea, recientemente ha estado trabajando en el lanzamiento de un proyecto muy singular online, por lo que recibió de regalo un pequeño unicornio de cerámica para pintar, como símbolo de algo único que está creando a su manera.

Nuestro hijo Fernando tuvo un año muy agitado, por lo que mi esposa le regaló un kit de jardín zen miniatura de escritorio con una pequeña bandeja de arena con piedritas y herramientas para reorganizar como símbolo de equilibrio y relajación en su vida.

En un año reciente en el que tuvimos cambios importantes y transiciones familiares, nuestro hijo Rodrigo me regaló un pequeño barco de escritorio encerrado en una caja de acrílico transparente que flota en un fluido viscoso como el océano que crea el efecto de un barco insumergible como recordatorio de que como familia podemos navegar cualquier cambio importante y tormenta si nos mantenemos unidos.

Al intercambiar regalos, comenzamos con un miembro de la familia que quiera empezar la dinámica y entregamos los regalos uno por uno, dejando que quien lo recibe los abra y el que lo da lo explica. Luego, quien recibió el regalo continúa y da sus regalos, y así sucesivamente hasta que todos los miembros de la familia hayan repartido y recibido sus regalos.

Esta es una tradición familiar verdaderamente maravillosa, ya que requiere que cada persona piense en lo que cada miembro de la familia necesita en su vida, luego encuentre algo sencillo que lo simbolice y lo entregue con amor ofreciendo su apoyo para que se haga realidad. Al estar todos los miembros de la familia escuchando lo que cada uno aporta a los demás crea un sentido de compromiso compartido para apoyar a cada uno y también se genera un diálogo constructivo en el proceso.

Ideas Clave:

La Navidad o cierre del año son una época especial para todos. Anímate a descubrir los rituales y tradiciones de tu familia y revivirlos cada año.

Canciones:

"All I Want for Christmas Is You" – Mariah Carey
"Esta Navidad" - Pandora

Mantén cerca a tu familia extendida

"No eliges a tu familia.
Son el regalo de Dios para ti,
como tú lo eres para ellos" - Desmond Tutu

Siendo una familia que nos mudamos de nuestro país de origen, uno de los mayores desafíos que enfrentamos es mantener la conexión con nuestra familia extendida, con abuelos, tíos, tías, primos y demás. Nos fuimos de nuestro país cuando los niños eran muy pequeños, nuestros tres hijos tenían 4 años, 2 años y un recién nacido. Fue en una época en la que la tecnología no era lo que es hoy pues no existían FaceTime, Zoom, Instagram ni WhatsApp, así que mantenernos cerca y formar parte de la vida de nuestra familia extendida ha sido un desafío. De todas las cosas que más extrañas cuando te mudas al extranjero, el no tener la oportunidad de interactuar frecuentemente con tu familia extendida es sin duda una de las principales.

Decidimos estar presentes lo más posible en la vida de nuestra familia extendida y ser intencionales en nuestras interacciones para asegurar que esas raíces familiares siguieran nutriéndonos y a nuestros hijos. No siempre ha sido fácil, pero lo estamos logrando. Requiere planificación, constancia y presencia. Aquí explico más sobre cada uno de estos temas:

El primero es la planificación. Si aun viviendo en la misma ciudad que tu familia extendida es muy complicado que los horarios y fechas coincidan para verse, puedes imaginar la complejidad adicional de vivir en países diferentes. Nos volvimos muy proactivos, iniciando conversaciones sobre la planificación de vacaciones, eventos y fechas importantes (cumpleaños, graduaciones, bodas, etc.) para encontrar la manera de estar juntos en persona tanto como fuera posible. Como parte de la planificación, tomamos decisiones sobre cómo conseguir los medios para estar con nuestras familias, gastamos menos en ciertas cosas para ahorrar y poder viajar para estar con ellos. Al viajar, optamos por quedarnos un poco más siempre que podemos para maximizar el tiempo que pasamos juntos. Creemos que cuando hay voluntad, se encuentra el camino para hacer que las cosas pasen.

La segunda es la constancia. Los niños pequeños que no ven a sus familiares con frecuencia pueden olvidarse fácilmente de ellos. El horario escolar, las obligaciones, los amigos, las actividades extraescolares y demás, dificultan tener tiempo para conectar con la familia extendida. Nos propusimos compartir con los abuelos noticias sobre el progreso y los eventos más significativos de sus nietos (pérdida de dientes, aprender a caminar, andar en bicicleta, proyectos escolares importantes, emergencias hospitalarias, etc.). Pecamos de compartir e involucrar de más a las familias en nuestras vidas, pensando siempre "¿qué compartiría con ellos si viviéramos en el mismo lugar?" en lugar de pensar lo contrario: "Como no viven aquí, no hay necesidad de molestarlos". Cuando quieres que alguien forme parte de tu vida, eliges hacerle parte de ella todos los días. Por supuesto, esto ha creado momentos tensos, cuando los familiares pueden llegar a ser "entrometidos" y preguntar por ese novio delante de los demás, o juzgar algo que hiciste, o dar consejos no solicitados. Pero todo eso forma parte de lo que significa tener a alguien que se preocupa por ti y que se interesa por tu vida. Y existen oportunidades para aprender a conectar con ellos, a elegir tu respuesta. ¿Qué mejor manera de "entrenarse" en las relaciones personales que hacerlo con tu familia?

La última es estar presentes. Cuando tenemos la oportunidad de visitarnos o que nuestras familias nos visiten, nos esforzamos por dedicarnos por completo a estar con ellos, a hacer que cada visita sea realmente especial para nosotros y para ellos. Planificamos actividades para estar juntos, evitamos en la medida de lo posible que esos viajes se solapen con otras actividades que deseamos hacer, y nos unimos y participamos plenamente en las tradiciones familiares y actividades especiales. También planeamos que nuestros familiares vengan a visitarnos siempre que sea posible para compartir momentos importantes como graduaciones o días festivos, y nos dedicamos a recibirlos cuando están presentes, para que conozcan dónde vivimos y lo que hacemos a diario.

Estos momentos han creado recuerdos invaluables para nosotros y para nuestros hijos y han creado fuertes lazos de amor con sus primos, tíos, tías y abuelos, que les permiten ahora que son adultos, seguir compartiendo sus vidas.

En este mundo complejo y dividido, es una bendición tener una familia extensa y amorosa que se preocupa por ti, que te procura y es un recurso y un apoyo incondicional. He escuchado a la gente decir: "No eliges a tu familia; puedes elegir a tus amigos". Yo lo veo de otra manera, tenemos la opción de elegir a nuestra familia todos los días; podemos elegir compartir nuestras vidas, conectar, mantenernos cerca aún a la distancia, invitar, pasar tiempo juntos y continuar teniendo una relación significativa y amorosa para toda la vida.

En última instancia, en la forma en que trates a tu familia extendida será la forma en que tus hijos y sus parejas te tratarán cuando se vayan y formen sus propias familias con sus propios hijos. Creo que nuestro ejemplo de querer mantener la cercanía y cultivar la relación con ambas partes de nuestras familias fortalecerá nuestros propios vínculos y lazos de amor a medida que nuestras familias sigan creciendo y expandiéndose de por vida.

Ideas Clave:

Elige estar cerca de tu familia extendida. Ten un plan, sé constante y mantente presente.

Todo lo que hagas hoy con tu familia extendida es lo que tus hijos están aprendiendo sobre cómo relacionarse contigo en el futuro a medida que forman sus propias familias.

Canción:

"Father and Son" – Yusuf / Cat Stevens

Kor-Tim – amigos para toda la vida

"Hay amigos, hay familia, y hay amigos
que se convierten en familia." - Desconocido

Uno de los riesgos de mudarse en familia con tanta frecuencia es perder la oportunidad de cultivar amistades para toda la vida, esas que uno conoce desde pequeño y que crecen contigo. Normalmente, las familias tienden a quedarse en un mismo lugar y a asistir a las mismas escuelas durante años, donde los niños tienen tiempo para forjar relaciones profundas con otros niños y compartir las mismas experiencias a medida que crecen. No creo que esto sea exclusivo de alguna cultura, creo que es parte de la naturaleza humana de socializar, echar raíces y formar una comunidad con quienes nos rodean. Es una forma de asegurar la supervivencia de nuestra especie, al estar rodeado de personas en quienes confías que estarán ahí cuando necesites apoyo, y también para disfrutar de su compañía, celebrar cosas importantes, divertirte y transitar por la vida juntos.

Afortunadamente, esto no es algo que solo puede ocurrir durante la niñez. Hay muchos ejemplos de esas relaciones para toda la vida que se forjan con amigos de la universidad, o incluso más adelante, con vecinos u otros grupos con los que se comparten intereses comunes. Ese fue el caso de mis padres, quienes forjaron una amistad fenomenal con un grupo de vecinos. Se reunían literalmente en casa de alguien todos los viernes durante más de 30 años. Viajaban juntos con sus familias y siempre encontraban maneras de divertirse, celebrando festividades y momentos importantes o simplemente encontrando cualquier pretexto para reunirse cualquier día de la semana. Conforme fueron envejeciendo, siguieron apoyándose unos a otros, en las dificultades, en el dolor, en el duelo por las pérdidas, y siempre manteniéndose unidos tanto como fuera posible. Esto me pareció admirable y se convirtió en un ejemplo a considerar para cuando tuviera yo mi propia familia.

Cuando mi esposa y yo empezamos a mudarnos siendo una familia joven, nos propusimos encontrar ese tipo de conexión social tan valiosa dondequiera que estuviéramos. Hemos tenido la gran suerte de encontrarla fuera de nuestro país y hemos creado vínculos muy especiales con varios amigos.

En Arizona nos entendimos bien con un pequeño grupo de amigos internacionales. Al ser nuestra primera mudanza a Estados Unidos, conectamos con otros amigos que vivían cerca y que estaban pasando por la misma experiencia. Con amigos de Alemania, México, Países Bajos, Inglaterra y un par de familias estadounidenses, nos reuníamos regularmente con nuestros hijos en el parque, jugábamos vóley de playa todos los jueves, íbamos de casa en casa para celebrar festividades, eventos especiales, cumpleaños y nos apoyábamos mutuamente para aprender a navegar durante nuestra primera experiencia en un país extranjero.

En Brasil, hicimos un grupo muy cercano de amigos de la escuela de nuestros hijos. Nos sentamos juntos en el primer día de la orientación escolar para padres de familia y al escuchar su acento mexicano, conectamos al instante. Este grupo se volvió muy especial ya que compartíamos muchos intereses y todos sabíamos que estábamos asignados temporalmente a Brasil, así que decidimos aprovechar al máximo nuestro tiempo y explorar el país juntos. Viajamos en familia, hablamos de la cultura, las diferencias, los rituales y tuvimos una experiencia compartida maravillosa. En Brasil existe la costumbre de que los niños llamen "tío" y "tía" a los amigos adultos más cercanos de la familia. Todos nos convertimos en "tíos" de nuestros hijos y también en padrinos de algunos. Una vez que se llegó el tiempo para mudarnos de Brasil, sabíamos que, de una forma u otra, nos reuniríamos en México, dada la presencia de nuestra familia extendida en el país. En diferentes ocasiones regresamos a México, donde nos reencontramos y continuamos nuestra estrecha amistad que perdura hasta el día de hoy.

En Cincinnati encontramos algo muy especial. Nos reencontramos con varios amigos que hace muchos años empezaron a trabajar juntos en México en la misma empresa, y con algunos otros nuevos que también vinieron a vivir una experiencia en la sede global de la empresa. Como la mayoría teníamos lazos con la empresa, y en algunos casos habíamos trabajado juntos en el pasado, se volvió habitual hacer referencias a nuestra vida laboral en nuestras conversaciones, ya sea para aliviar el estrés diario o simplemente porque la inercia nos dominaba y sin darnos cuenta incluíamos siglas y argot que utilizábamos en el trabajo en un contexto totalmente personal. Y una de las cosas que surgió de estas charlas fue el nombre de nuestro grupo de amigos. Existe un término organizacional que en nuestra empresa se usa para describir a un equipo que está en el centro de un proyecto, que hace que las cosas sucedan, que tiene la responsabilidad de impulsar iniciativas clave, tomar decisiones críticas y garantizar la finalización exitosa y la entrega de resultados: se le llama "Core Team" (en español se traduce como "Equipo Central"). Dado que todos trabajábamos en diferentes proyectos, asociados con "Core Teams", todos sabíamos lo importante que era y en broma decidimos llamarnos: "Kor-Tim".

El grupo comenzó hace más de 25 años en el sótano de la casa de uno de nuestros amigos. Este era el lugar de encuentro, donde después de un largo día de trabajo, cualquier fin de semana, nos reuníamos para relajarnos, hablar, reír, bailar y forjar un vínculo increíble para toda la vida. Además de ese sótano, continuamos reuniéndonos en las casas de cada miembro del grupo, llevando a nuestros hijos siempre y llevando algo para compartir que lo apodamos el "paquete básico". El paquete básico consistía en botanas y algo para picar, las bebidas que consumiríamos suficiente para dar y compartir. Muchos teníamos hijos de la misma edad, así que se hicieron muy amigos, hasta el punto de que se llamaban "primos" en el colegio, lo que a veces confundía a sus amigos por la cantidad de primos que iban juntos a la misma escuela. Sin duda esto fue un gran apoyo al sentir que tenían más que suficiente "familia" a su alrededor si alguna vez lo necesitaban, lo cual es muy importante cuando estás en un país nuevo.

Viajamos juntos a diferentes lugares, hicimos camisetas del grupo y nos convertimos en padrinos/madrinas de nuestros hijos a medida que crecían. En la cultura mexicana, sabes que tu amistad ha alcanzado otro nivel cuando nos llamamos "Compita" (diminutivo de "Compadre"). Si bien no todos éramos padrinos o madrinas de nuestros hijos, todos somos "Compitas" entre nosotros. Hemos estado juntos en eventos importantes para nuestros hijos, en presentaciones escolares, en graduaciones y, sin duda, nos hemos apoyado mutuamente cuando alguien ha ido al hospital o cuando algún hijo ha tenido que ser recogido de la escuela por alguna circunstancia especial y sus papás no estaban disponibles. Nos hemos convertido, por elección propia, en nuestra familia extendida en el extranjero durante los últimos 25 años.

Con el paso del tiempo, la mayoría del grupo dejó la empresa y emigró fuera de Cincinnati en busca de nuevos trabajos y nuevas etapas de vida. Los hijos mayores se mudaron para ir a la universidad y la mayoría también consiguieron trabajos en otros lugares. Los horarios de trabajo y la vida familiar de cada uno nos han llevado por caminos muy diferentes. Pero seguimos unidos, mantenemos nuestras conversaciones de WhatsApp activas y llenas de picardía, compartiendo todo tipo de cosas, como se pueden imaginar, y nos esforzamos por mantenernos en contacto y vernos siempre que podemos. Leí en alguna parte que tener un grupo de amigos cercanos a lo largo de la vida está directamente relacionado con un mayor bienestar, una mayor satisfacción e incluso una mayor esperanza de vida. De hecho, lo he visto en mis padres, que tienen más de 85 años y se reúnen regularmente con sus amigos. Espero hacer lo mismo con todos nuestros queridos amigos y espero que más familias puedan experimentar la alegría de tener un grupo similar de amigos de por vida.

Ideas Clave:

Tener amigos para toda la vida aumenta nuestra satisfacción de vida, bienestar y sentido de pertenencia.

Tener un grupo de familias cercanas, que incluya tanto a los adultos como a los niños, es invaluable para su desarrollo. Pueden convertirse en tu familia extendida dondequiera que estés.

Canciones:

"Sweet Arizona" – East Love   "Festa" – Ivete Sangalo

"La vida es un carnaval" – Celia Cruz

"Danza Kuduro" – Don Omar, Lucenzo

Alas

"La única manera en que podemos vivir es si crecemos,
La única manera en que podemos crecer es si cambiamos,
La única manera en que podemos cambiar es si aprendemos,
La única manera en que podemos aprender es si estamos expuestos,
Y la única forma de que estemos expuestos es si nos arrojamos
al descubierto." - C. Joybell

Hablar de darles alas a los hijos es estar preparados en ambos sentidos. Preparados para que crezcan, desarrollen plenamente su propia personalidad, afinen sus habilidades y capacidades y realicen sus primeros intentos de salir del "nido" de forma segura, poniendo a prueba su capacidad de volar por sí solos. Para los padres, es la etapa de compartir lecciones de vida y valorar el tiempo juntos, sabiendo que tener hijos significa que son prestados y que hay una cuenta regresiva que comienza cuando nacen y pasa de forma inexorable hasta que están listos para salir al mundo por sí solos. Desde que dan sus primeros pasitos, la distancia que los separa de sus padres se hace cada vez mayor hasta que, literalmente, despegan hacia la vida adulta.

En la sección "Raíces", compartí principalmente rituales y experiencias que tuvimos en esos primeros años como familia. Espero que queden como gratos recuerdos de su infancia y que varias perduren como tradiciones entrañables.

En la sección "Alas", comparto más sobre los conceptos de desarrollo de su carácter y del empoderamiento a través de las interacciones que tuvimos a medida que nuestros hijos pasaban de la infancia a la adolescencia y a la etapa universitaria. Hablo sobre las cosas que, en mi opinión, han sido más formativas para sus habilidades, permitiéndoles crecer en autonomía e independencia y estar listos para la vida adulta.

Aspectos como aprender a afrontar el éxito y el fracaso, su actitud hacia lo que pueden controlar y lo que no, y conceptos de autogestión relacionados con la respuesta al cambio y las transiciones personales. Perspectivas sobre cómo abordar la vida como un milagro maravilloso donde la magia en verdad puede ocurrir a diario, pero no sucederá si no te esfuerzas al máximo, tomas buenas decisiones y aprendes en la práctica el valor del sentido de propiedad y la responsabilidad en forma consciente, siempre enfocándose en hacer que las cosas pasen.

Disfruté mucho escribir sobre lo importante que es la música y la danza no sólo como una actividad de entretenimiento familiar, sino como una forma de expresión personal y como una habilidad social muy importante, que nos permite conectarnos con otros, celebrar la vida y formar comunidad.

Redescubrí maravillosos tesoros de autorreflexión al resaltar la transformación personal de nuestros hijos para prepararse para ir a la universidad y cómo vivir la vida al máximo, sin el miedo de perderse lo que realmente importa.

Y termino la sección de Alas con una nota muy alta, compartiendo nuestros aprendizajes y conocimientos sobre cómo acompañar su crecimiento en el desafiante proceso de encontrar carreras que aman y compañeros para toda la vida.

Canción:

"Wind Beneath My Wings" – Bette Midler

Piedras Familiares – Mi tesoro más preciado

"De todas las piedras sobre las que construimos nuestras vidas, hoy recordamos que la familia es la más importante." - Barack Obama

Creo que uno de los regalos más importantes que un padre puede dar es crear oportunidades de tener experiencias familiares memorables y encontrar maneras de capturarlas y preservarlas. En mi opinión, así es como nacen los rituales, y esos rituales pueden convertirse en tradiciones preciadas que perduran a lo largo de las generaciones.

Tenemos un ritual familiar que surgió espontáneamente hace casi 20 años durante un viaje familiar, y lo hemos mantenido desde entonces. En ese tiempo, debido a mi trabajo, vivíamos en Brasil e hicimos un pequeño viaje de vacaciones a las afueras del estado de São Paulo, a un lugar llamado "Brotas". Nos quedamos varios días disfrutando de la naturaleza, haciendo senderismo, cabalgando, disfrutando de hermosas cascadas, de una comida excelente y en compañía de grandes amigos. Nos alojamos en una Fazenda (una hacienda-hotel tipo granja) enclavada en la naturaleza. Todo el viaje fue tan hermoso que no queríamos que terminara. El último día, por la mañana, fuimos en familia a dar nuestra última caminata por la naturaleza y, al regresar, los niños estaban cansados y un poco decaídos, así que se me ocurrió una actividad: les pedí que buscaran una piedra para llevarnos a casa como recuerdo del viaje. Les dije que tenía que ser una piedra muy especial, ya que debía tener forma de corazón, para conmemorar el amor que habíamos compartido como familia y con amigos durante este viaje. Les dije a nuestros tres hijos que buscaran su piedra y la trajeran para que pudiéramos elegir una para llevar a casa. Corrieron rápidamente y empezaron a buscar piedras, a clasificarlas, a tirar algunas al suelo y, finalmente, cada uno eligió la suya. Puse todas las piedras juntas y votamos por nuestra favorita. Una realmente destacó, era una piedra con la forma perfecta de un corazón, así que la elegimos y dejamos las demás. Escribí "Brotas" con un marcador permanente para recordar el nombre del lugar y también añadí la fecha. Luego les dije que la íbamos a poner en un lugar especial de casa, en un jarrón de cristal, para que todos la viéramos y recordáramos los momentos tan maravillosos que pasamos en familia.

En nuestro siguiente viaje familiar, el último día hicimos lo mismo y los niños estaban más que emocionados por repetir este ritual y así fue como comenzó nuestra maravillosa colección de piedras familiares que se ha convertido en un verdadero tesoro que nos recuerda todas las experiencias significativas que hemos compartido juntos.

De vez en cuando, saco todas las piedras, las ordeno, las limpio y contemplo nuestra trayectoria familiar. Algunas son de una simple caminata a un parque cercano, otras de viajes al extranjero o de lugares donde hemos tenido eventos familiares importantes, celebraciones, visitas a nuestros familiares en vacaciones y más. Siempre, hago el mismo ritual al final y pido a la familia que busque una piedra con forma de corazón para conmemorarla.

Ahora, después de casi dos décadas, tenemos 240 piedras y contando, cada una representando un pequeño pedazo de la historia familiar. Tenemos un enorme jarrón de cristal donde se conservan todas, en el centro de nuestra sala.

Lo que empezó como una simple actividad familiar se ha transformado en una hermosa tradición que ha crecido en el corazón de cada uno de nosotros. Cuando nuestros hijos empezaron a viajar solos, me conmovió mucho que volvieran a casa y trajeran una piedra del lugar que habían visitado para ponerla en nuestro jarrón familiar. Ahora nuestros hijos ya son adultos, y cuando nos reunimos para hacer una excursión o para viajar a algún lugar especial, al final de la reunión pregunto: "¿Quién va a encontrar la piedra familiar?". Y veo cómo sus caras y su lenguaje corporal los transforman en aquellos niños pequeños de aquel primer viaje a "Brotas", y se ponen manos a la obra para ayudarnos a encontrar la nueva piedra familiar para recordar esa nueva experiencia juntos.

Cuando miro el jarrón lleno de piedras con forma de corazón de tantos lugares, me llena el corazón de amor por todos esos momentos que vivimos juntos en familia, y se ha convertido en mi tesoro más preciado. También me recuerda que lo mejor que uno puede llevarse de un viaje no cuesta dinero. Lo que uno se lleva son las experiencias que compartió con la gente y lo nuevo que aprendió sobre los demás y sobre sí mismo. Ese es el mejor regalo que hemos traído de regreso.

También me recuerda que una de las inversiones más importantes que un padre puede hacer es brindarles a sus hijos experiencias diferentes para ampliar sus mentes y su mundo. No siempre tienen que ser viajes caros; pueden ser excursiones de un día en la misma ciudad para visitar un museo, escuchar música en un parque, estar en contacto con la naturaleza o visitar a amigos y familiares. Siempre que lo hagan juntos, en familia, disfrutando del tiempo libre, aprendiendo unos de otros, siempre valdrá la pena encontrar una nueva piedra con forma de corazón para seguir añadiendo a su colección.

Ideas Clave:

La mejor inversión que un padre puede hacer para el crecimiento de sus hijos es brindarles oportunidades de experimentar el mundo, de salir de su zona de confort y conocer a otros que son diferentes, de aprender sobre la humanidad.

El recuerdo más significativo de un viaje no es necesariamente el lugar, el hotel o el lugar emblemático visitado. Siempre será el hecho de que la familia estaba junta, explorando, aprendiendo y divirtiéndose. Eso es invaluable. Encuentra una manera sencilla de conmemorar el viaje y preservar el recuerdo para el futuro.

Canción:

"Heirlooms" – Amy Grant

Apoyarles cuando caen y cuando triunfan

"Si te caes, allí estaré." – El suelo

Si bien existen muchos libros y estudios científicos que describen cómo ser padres de familia, esta actividad implica mucho ensayo y error, un aprendizaje constante sobre la marcha, y como cualquier buen arte, requiere de mucha práctica. Esto se vuelve realidad sobre todo cuando se trata de saber cómo apoyar a tus hijos cuando se caen. Desde el momento en que empiezan a caminar, se convierte en acto de malabarismo constante entre observarlos, permitirles acercarse a los peligros, dejarlos correr riesgos, alentarlos a tomar pequeñas decisiones y aprender también a vivir con las consecuencias. Va desde dejarles que se den un golpecillo o un raspón en la rodilla hasta guiarlos para que tomen decisiones sobre sus relaciones, sus carreras y muchas otras cosas más en el trayecto.

Siempre me ha fascinado cómo todos nacemos sin miedo y confiados en la vida. La imagen que mejor representa esto en mi mente es cuando un niño pequeño salta desde lo alto de cualquier lugar (resbaladilla, piscina, escaleras) a los brazos de sus padres. En el momento del impulso, justo antes del salto, se ve al niño con los brazos extendidos al máximo, con una gran sonrisa, lleno de alegría, dando un gran salto, confiando plenamente y con absoluta certeza de que su padre o madre lo atrapará, y sabiendo que no hay nada que temer. Para mí, esa imagen representa cómo quiero que mis hijos se sientan ante cada gran decisión y momento de sus vidas.

A medida que crecen, se hace cada vez más difícil atraparlos físicamente, pero como padres tenemos la fortaleza para apoyarlos emocionalmente. Y creo que a veces es tan importante tanto apoyarlos cuando se caen, como lo es apoyarlos cuando triunfan.

Apoyarles cuando triunfan significa capturar esos momentos de grandeza, cuando trabajaron duro para lograr una meta, cuando lucharon y lograron salir adelante. Estos momentos deben estar rodeados de una atmósfera de triunfo y logro personal, como el momento del "Botón Dorado" de AGT (America's Got Talent, en español: América Tiene Talento), cuando tu hijo recibe una explosión de alegría, con confeti por todas partes y un aplauso masivo de todos los presentes. Luego, puedes culminarlo con un sincero "Estoy orgulloso de ti", por tu esfuerzo, dedicación y perseverancia para alcanzar este logro, sin juicios ni comparaciones, solo con puro orgullo. Creo que estos momentos sirven como recordatorios de lo que son capaces de hacer cuando más lo necesitan. Apoyarlos cuando triunfan también consiste en recordarles que sean humildes, que no alimenten su ego y que recuerden que todo triunfo personal es temporal y se trata de su aprendizaje y crecimiento continuos. Lo que te trajo hasta aquí no necesariamente te garantiza llevarte adonde quieres ir después. Tomarse un momento para celebrar su arduo trabajo, reflexionar sobre lo que hizo posible el logro, sentir gratitud, capturar los aprendizajes y seguir adelante. Para que esto cobre vida continuamente, creo que capturar sus logros puede apoyarse con recordatorios visuales de motivación, como exhibir en casa fotos de ellos haciendo algo que les apasiona y en lo que destacan, exhibir sus diplomas más importantes y logros significativos, y colocarlos en sus habitaciones, donde puedan verlos y recordar lo que pueden lograr cuando se entregan en cuerpo y alma para conseguir algo que les apasiona.

Apoyarles cuando caen requiere aún más cuidado y compasión. Es fundamental que los padres dejen atrás sus propias expectativas irrazonables. La peor frase que un padre puede usar cuando un hijo fracasa es: "Estoy decepcionado". Esas palabras pueden destruir la autoestima de su hijo y transmitirle un terrible mensaje: "No eres suficiente para mí". Apoyarles cuando caen debe estar libre de cualquier tipo de juicio; debe basarse en el amor, la compasión y la oportunidad de hablar sobre cómo aprender del fracaso. Capturar esos momentos de prueba y error, reconocer la importancia de tener la valentía de asumir riesgos que valen la pena y sentirse positivo sobre la decisión y la disposición a experimentar e intentar algo que para ellos vale la pena. También se trata de recordarles la importancia de la responsabilidad, adueñarse de sus comportamientos, y siempre practicar el espíritu deportivo.

Es una oportunidad maravillosa para dialogar y reflexionar, escuchando y permitiendo la incubación y el autodescubrimiento. Para actuar con mentalidad de crecimiento y aprender a levantarse y volver a intentarlo, alimentados con nuevas experiencias y energías renovadas, mientras que sus padres les recuerdan todo lo que son capaces de lograr después de todas las veces que los han visto triunfar.

Lo bonito de apoyarles cuando caen y cuando triunfan es la

fuerza del lazo de amor que se crea entre padres e hijos. Es cómo demuestras con tus palabras y acciones que, pase lo que pase, estarás ahí, de su lado, en su esquina, en la tribuna y en sus vidas cuando lo necesiten.

Ideas Clave:

Es tan importante saber cómo apoyar a tus hijos cuando triunfan tanto como cuando caen. Esto te permitirá recordarles todo lo que son capaces de hacer cuando más lo necesitan, cuando requieren ese impulso de energía para seguir adelante.

Estar ahí con ellos cuando caen y cuando triunfan es fundamental en la crianza de los hijos. Hay que estar presentes, conocer sus metas y aspiraciones e involucrarse lo más posible para acompañarlos en su camino.

Canción:

"The Last One" – Maisie Peters

Da lo mejor de ti y toma buenas decisiones

"No soy producto de mis circunstancias;
soy producto de mis decisiones." - Stephen Covey

A través de los años, he tenido la oportunidad de ser coach a altos ejecutivos y líderes de todos los niveles sobre cómo alcanzar alto rendimiento y tomar buenas decisiones para el negocio y para la organización. Cuando me reúno con ellos para ayudarlos a prepararse para una junta importante con sus jefes o para estar listos para su siguiente participación en el consejo directivo para alguna revisión importante de un proyecto, al despedirnos, me encuentro animándolos y prácticamente diciéndoles las dos mismas cosas que suelo decirles a mis hijos cuando se bajan del auto al llegar a la escuela o cuando están a punto de tomar el autobús escolar por las mañanas: "Da lo mejor de tí y toma buenas decisiones".

Independientemente de tu edad, educación, experiencia u ocupación, una de las claves de la felicidad reside en estas dos cosas. ¿Por qué? Porque en la vida, esas son las únicas cosas que realmente puedes controlar: tu comportamiento, tus propias acciones y tus decisiones. Todas las circunstancias, el contexto, otras influencias externas y los eventos que te rodean no los puedes controlar. Puedes elegir cómo responder a ellos cuando ocurren, eso es todo.

Esta es una de las lecciones más importantes que un padre puede enseñar a sus hijos. Recuerdo haber tenido esta conversación con mis tres hijos en numerosas ocasiones. Una analogía que usaba era decirles que vieran su vida como una película o una serie de televisión. Y les preguntaba: "En la serie de tu vida, ¿qué papel te gustaría interpretar? ¿Un extra? ¿Un actor invitado? ¿Un actor regular? ¿Un actor secundario? ¿O un protagonista, la estrella principal?". Invariablemente, la respuesta era "¡Quiero ser protagonista!". Y luego les decía que podían ser tanto los protagonistas como los directores de su propia película, y que pueden elegir lo que los protagonistas hacen en cada episodio.

Con esta analogía, puedes hablar con niños, adolescentes y adultos sobre cómo elegir lo que pueden controlar en cualquier situación. Esto es especialmente útil cuando llegan a casa quejándose de los maestros, de sus tareas, de sus amigos, de sus hermanos, del clima, de su ropa y de muchas otras cosas; cuando se comportan como "víctimas" de todas esas circunstancias; cuando su protagonista se siente desesperanzado(a) y se convierte en un "extra" que, por lo general, termina siendo una víctima que acaba abandonando la serie. Para ayudarlos a pasar de víctima a protagonista, hay algunas preguntas poderosas: "¿Qué te gustaría que sucediera?", "¿Qué puedes hacer al respecto?", y centrarse de nuevo en lo que pueden controlar y asumir el liderazgo de sus vidas. Luego, continuar preguntando con "¿Qué estás eligiendo hacer al respecto?".

Dar lo mejor de ti significa sacar a la luz la mejor versión de ti mismo hoy y ser congruente con quién eres y con quién quieres ser. No se trata solo de hacer tu mejor esfuerzo, o buscar la mejor calificación posible, o buscar ganar el primer lugar en una competencia deportiva o, en general, tratar de alcanzar la perfección en todas las áreas de tu vida. Se trata de crecer, aprender, aceptar tus oportunidades y saber que está bien no estar al 100% todos los días. Cuando sacas tu mejor versión de ti mismo y das tu máximo esfuerzo, algunos días eso será el 80% o el 50% de lo que has hecho otros días y eso está bien. Mientras regresen a casa sabiendo que dieron lo mejor de sí mismos hoy, que fueron ellos mismos, y se comportaron de acuerdo a sus valores, y aprendieron qué hizo diferente ese día, descansarán tranquilos incluso si dar lo mejor de sí no fue al mismo nivel todos los días. Dar lo mejor de ti no puede ser juzgado por los estándares de otras personas.

El crecimiento se logra no solo hablando del resultado ("obtuviste una calificación A+, o un 100" o "ganaste el primer lugar") y solo diciendo "buen trabajo, estoy orgulloso de ti", el crecimiento se logra cuando hablas de qué hicieron para dar lo mejor de sí mismos, cómo se enfocaron en lo que podían controlar, cómo respondieron a lo que no podían controlar, cuándo sintieron que estaban fallando, qué salió mal, cómo aprendieron y se ajustaron y cómo quieren incorporar esos aprendizajes para el futuro. Dar lo mejor de ti no siempre se traduce en un resultado, la mayoría de las veces, se trata solo de ser hoy un poco mejor de lo que fuiste ayer. Además, no es solo egocéntrico, ya que la mayoría de las veces dar lo mejor de ti significa hacer la vida de alguien un poco mejor ese día. La vida no es una tarjeta de calificaciones, se trata de **dar lo mejor de tí** y **tomar buenas decisiones**, no se trata de obtener un premio de la academia para el protagonista de nuestra serie de televisión al final de la serie, la vida se trata de ayudar a nuestro protagonista interior a elegir ser feliz en cada episodio.

Ideas Clave:

Una de las lecciones más importantes que un padre puede enseñar a sus hijos es centrarse en lo que pueden controlar, lo que se reduce a dos cosas:

1) Lo que eligen hacer (sus decisiones) y

2) Dar lo mejor de sí (sus acciones) y eliminar el juicio, centrándose en el progreso, no en la perfección.

Canción:

"Up, Up, Up" – Rose Falcon

Leyendo con Mamá

"Leer es soñar con los ojos abiertos." - Anissa Trisdianty

Aprender a leer (la habilidad) es diferente al gusto por la lectura (el deseo) y a tener la determinación de leer (el hábito). Como muchos otros buenos hábitos, todo empieza en casa, siguiendo el ejemplo de los padres. En nuestro caso, mi esposa despertó el gusto y la pasión por la lectura, enseñó la habilidad y cultivó la determinación de leer en nuestra familia.

Esto es algo que aprendió en casa, de su padre. Hasta el día de hoy, veo a mi esposa y a su padre hablando de libros, compartiendo recomendaciones y conservando ese vínculo especial en sus vidas. Ella también comparte su gusto por la lectura con su madre, su hermana e incluso con sus cuñadas. En varias ocasiones ha organizado un club de lectura con ellas escogiendo libros de interés para todas y reuniéndose con frecuencia para hablar del libro en turno y, de paso, disfrutar de su compañía. Pertenece regularmente a otros clubes de lectura con amigas dondequiera que hayamos vivido. En resumen, mi esposa es una verdadera lectora profesional que ejemplifica no sólo cómo integrar el amor por la lectura en su vida, sino también cómo compartirla con alegría y convertirla en algo especial en su forma de relacionarse con los demás.

Tuve el privilegio de presenciar y apoyar cómo mi esposa introdujo a nuestros hijos al amor por la lectura. Lo que empezó de forma natural con leerles cuentos cortos a la hora de dormir evolucionó a enseñarles a leer en casa, colocando nombres en etiquetas adhesivas pegadas a todo en la casa para que pudieran leer lo que era cada objeto (un sofá, una silla, la mesa, etc.). Luego vi cómo los inició con pequeños libros ilustrados, luego los interesó en colecciones de libros para niños, con emocionantes aventuras, y luego los entusiasmó con tener su propia tarjeta de biblioteca y con citas especiales para ir tanto a la biblioteca pública como a la librería a seleccionar sus libros para la semana, para un viaje especial, para el verano. La constancia y el ejemplo de mi esposa en la pasión por la lectura y como se lo inculcó a nuestros hijos es algo por lo que siempre le estaré agradecido. Nuestros tres hijos no solo adquirieron amor y pasión por la lectura, sino que también se reflejó positivamente en su nivel general de comunicación y en su capacidad para expresarse, para escribir sus pensamientos e ideas.

Leer con mamá les ha dado a nuestros hijos alas para explorar sus aspiraciones y, en el proceso, ha creado momentos maravillosos para conocerlos, escuchar sus pensamientos y reacciones ante un libro en particular, qué les gustó, qué no les gustó, cuál era su opinión sobre lo que el autor intentaba transmitir y cuál era el propósito de la historia. Todo esto desarrolla, desde muy pequeños, las habilidades de pensamiento crítico y comunicación integral, tan necesarias para triunfar en el mundo actual.

Recientemente leí un libro de Adam Grant titulado **Potencial Oculto** sobre la importancia de la lectura para los niños y para la sociedad. En el capítulo siete, habla de "Todos los Niños Avanzan", donde comparte la historia de una competencia global entre países en cuanto a la eficacia de sus sistemas educativos. Presenta la historia de Finlandia y cómo pasó de ser uno de los países con peor rendimiento a ser el mejor del mundo durante varios años en esta competencia global que incluyó a todos los países del "primer mundo". Comparte detalles sobre cómo transformaron su sistema educativo para elevar la calidad y, lo que es más importante, la felicidad y el disfrute de los estudiantes y de todos los involucrados. Es un capítulo verdaderamente revelador que recomiendo leer. Creo que todo sistema escolar debería considerar las lecciones aprendidas del caso finlandés. La primera lección que compartió de Kari Louhivuori, miembro del Consejo de Educación Creativa de Finlandia, es que la lectura es la habilidad básica para todas las materias. Kari le dijo a Adam: "Si no tienes la motivación para leer, no puedes estudiar ninguna otra materia. Cultivar el deseo de leer nutre los intereses individuales".

Después de leer esto, comprendí el maravilloso regalo que mi esposa les había dado a nuestros hijos. Reforzó la creencia de que el amor por la lectura suele empezar en casa. Leí en el libro de Adam que las escuelas empezaron a regalar una bolsa de libros a cada bebé que nacía en Finlandia. Esto ayuda a lograr el primer paso: tener acceso a los libros. Se puede lograr teniéndolos disponibles en casa o acostumbrándose a ponerlos en manos de la familia llevando a los niños a la biblioteca con regularidad. El segundo paso es inculcarles el gusto por la lectura haciendo que los libros formen parte de su vida diaria. Esto implica hablar de libros con frecuencia: en la cena, en los viajes en el auto, visitar bibliotecas juntos y, lo más importante, que los niños vean a sus padres leer. Sea cual sea el ejemplo que demos a nuestros hijos con lo que hacemos y donde vean que le damos valor y dedicamos nuestro tiempo en una actividad, querrán participar y hacer lo mismo. Mi esposa cumplió instintivamente todos estos pasos e involucró a toda la familia en este proceso. Le estaré eternamente agradecido por preparar a nuestros hijos para la vida inculcando en ellos el amor por la lectura.

Ideas Clave:

La lectura es la habilidad más importante para el aprendizaje de nuestros hijos. Tenemos el privilegio y la oportunidad de fomentar en ellos el amor por la lectura desde casa.

Ponga libros a disposición de sus hijos. Haga de la lectura una parte importante de la vida familiar.

Da el ejemplo. Lee y hazlo con tus hijos.

Canción:

"Greatest Love of All" – Whitney Houston

De hacer tareas domésticas a desarrollar sentido de propiedad y responsabilidad

"Si quieres que tus hijos mantengan los pies en la tierra, ponles alguna responsabilidad sobre los hombros." - Abigail Van Buren

Cuando tienes más de un hijo, se observa el efecto de "hermano(a) mayor". Es asumir una responsabilidad innata de cuidar a un hermano pequeño. No tienes que explicarle mucho a tu hijo(a) mayor, solo dile: "Cuida a tu hermanito" e instintivamente lo toma de la mano, lo guía, y hace todo lo que puede por mantenerlo a salvo. Puedes ver cómo cambia su expresión facial, siente la responsabilidad, le habla a su hermanito como si él/ella mismo(a) fuera adulto y, la mayoría de las veces, lo hace con gusto. Ahora bien, en un contexto diferente, si le pides al mismo hermano(a) mayor que haga su cama, limpie su armario o ayude a sacar la basura, se queja y te pregunta "¿Por qué tengo que hacer esto?" y, tras recordárselo constantemente, termina haciéndolo a regañadientes.

Lo que puede complicar las cosas es cuando tu hijo(a) cree que la tarea en cuestión debería ser responsabilidad de otra persona, o cuando ve que no hay consecuencias si no la hace, ya que, al final, se da cuenta de que, de todas formas, alguien más acabará haciéndolo en su lugar. Esto sucede, por ejemplo, cuando les pides a tus hijos que ordenen su habitación y, si no lo hacen, uno de sus padres o una persona del hogar lo hace por ellos.

¿Cómo podemos fomentar en nuestros hijos ese sentido natural de responsabilidad, ese "efecto del hermano mayor"? Creo que depende de dos cosas: 1) Sentir que están haciendo algo que saben que es importante para ellos y para sus padres, y 2) Sentir que confían en ellos y que están empoderados para hacerlo. Creo que estos son dos pilares fundamentales para desarrollar el sentido de propiedad y la responsabilidad, y pueden aprenderse desde muy pequeños. Pero ¿cómo enseñar a nuestros hijos a desarrollar estos comportamientos?

En mi trabajo como líder de recursos humanos, he visto el poder de un principio básico de gestión de liderazgo: "Lo que se mide se hace, y lo que se recompensa se repite". Este principio impulsa el comportamiento organizacional en el trabajo. De ahí surgió el concepto de KPI (en Inglés: Key Performance Indicators, traducidos como: Indicadores Clave de Desempeño) para medir resultados, y la razón por la que se utilizan ampliamente en las evaluaciones del desempeño de empleados a todos los niveles. Por eso, los empleados tienen sus propios cuadros de responsabilidad personal con métricas claras, que revisan con sus gerentes y que determinan su impacto general durante un período definido, generalmente un año, y, en consecuencia, su remuneración económica y eventualmente su progresión de carrera. Si se quiere cambiar la cultura, es necesario cambiar el comportamiento de los líderes y los empleados, y para ello, es necesario cambiar las recompensas. Este es el comportamiento humano en su forma más básica y se aprende desde muy jóvenes.

Con nuestros hijos, comenzamos con la idea de medirlos y recompensarlos apenas pudieron comprender los conceptos básicos, alrededor de los 3 años, y lo hicimos interactivo y divertido. Teníamos un sencillo póster de hábitos diarios colgado en su habitación y lo revisábamos con ellos a diario, paso a paso, asignando estrellas a cada tarea que realizaban. A partir de ahí, pasamos a la idea de una tarjeta de puntuación semanal, con estrellas, y dándoles algunas recompensas básicas, como disfrutar de una comida favorita, ir a un lugar que les gustara, jugar más tiempo con nosotros o invitar a algún amigo(a). Una vez que adquirieron los hábitos básicos de higiene, limpieza, orden y aprendizaje, pasamos a otras tareas sencillas, apropiadas para su edad.

A partir de estos primeros hábitos y tareas básicas, se puede pasar a recompensas y proyectos mayores donde puedan desarrollar el sentido de propiedad y responsabilidad.

Cada familia puede establecer las tareas y recompensas adecuadas para incentivar el aprendizaje y la participación. Muchas familias utilizan este concepto para asignar una cantidad de dinero a los niños (su "mesada") como recompensa para comprar cosas que les gusten. Sea cual sea la fórmula para una familia, creo firmemente en el poder de la responsabilidad y las recompensas para fomentar los comportamientos deseados.

Además, ayuda enormemente con el concepto de retrasar la gratificación, tan importante para su desarrollo, especialmente en una era donde los niños aprenden de nuestro entorno que es muy fácil obtener cosas al instante a través de la tecnología, gracias a la disponibilidad de acceso y a los servicios en tiempo real diseñados para minimizar el tiempo de espera. Puedes hablar con cualquier persona y verla al instante a través de tu iPhone. Puedes obtener la respuesta a cualquier pregunta al instante buscando en línea o incluso obtener una propuesta detallada de lo que quieres saber mediante inteligencia artificial. Puedes comprar prácticamente cualquier cosa a través de plataformas como Amazon y recibirla al día siguiente. Puedes ver las respuestas y reacciones en tiempo real de miles de personas a lo que posteas en línea. En un mundo como el nuestro, enseñar a nuestros hijos a fijarse una meta a recompensar su motivación y a esforzarse por lograrlo, teniendo que esperar en el proceso, es una lección invaluable de resiliencia, perseverancia y responsabilidad.

También es muy importante ayudarlos a sentirse empoderados para actuar mientras hacen las tareas, no solo a seguir órdenes y hacer las cosas porque tú lo dices. Piensa en cuando un niño está entusiasmado con un gran proyecto escolar, o cuando tiene la idea de tener un puesto para vender limonada en su vecindario o cualquier situación similar. La forma en que los ayudes determinará lo que aprenderán sobre el desarrollo del sentido de propiedad y responsabilidad. Se sentirá diferente si te haces cargo de su proyecto, compras los materiales, ensamblas las piezas difíciles y estás a su lado todo el tiempo para asegurarte de que todo salga bien, que si les dejas hacer la mayor parte del trabajo, como ellos lo imaginan, y solo los apoyas con las cosas que no pueden hacer (como conducir un coche o pagar en la tienda), permitiéndoles sentir el peso de la responsabilidad, cometer sus propios errores, ayudarlos a aprender de ellos y a seguir intentándolo hasta que tengan éxito.

De la misma manera, delegar las tareas diarias puede ser una oportunidad para crear empoderamiento y sentido de propiedad. Es diferente solo gritar las órdenes: "saca la basura", "ordena tu habitación" que tomarse el tiempo para sentarse a hablar sobre por qué esas tareas son importantes para la familia (tener un entorno limpio, compartir la carga de trabajo, educar a la familia sobre el reciclaje, encontrar fácilmente sus propias cosas en su habitación), explicar el resultado deseado (cómo se ve cuando está bien hecho, cuándo y cómo sacar los botes de basura, qué va en su armario, cajones, baño, etc.), demostrarles con tu ejemplo (tu propia habitación, sacar la basura con ellos algunas veces), brindarles los recursos (bolsas de basura, cestos para la ropa, ropa limpia y sábanas), coordinar cómo revisar los resultados y darles reconocimiento y retroalimentación, para que comprendan las consecuencias o el impacto que tendrá no realizar la tarea para la familia y para ellos mismos.

Hacer esto desde pequeños para esas tareas sencillas, con constancia, puede crear el hábito de la responsabilidad y el inicio del sentido de propiedad. Estos se desarrollarán a medida que asuman tareas más grandes e importantes, y les serán útiles cuando sean adolescentes y quieran trabajar durante el verano, y cuando sean adultos y acepten trabajos a tiempo completo, buscando siempre entender la importancia de su trabajo y cómo lo hacen, para que se sientan empoderados, asumiendo la responsabilidad y el orgullo de adueñarse de su comportamiento para obtener resultados.

Cabe destacar que no siempre es un proceso sencillo. A medida que los niños se acercan a la adolescencia, se vuelve más difícil mantener una estructura más formal para establecer metas y revisar el proceso. Su deseo de autonomía e independencia los lleva a rechazar o cuestionar cualquier cosa que les parezca controladora o impuesta. Con nuestros hijos, continuamos con el concepto de responsabilidad y recompensas, de una manera mucho más ligera e interactiva, reforzando conceptos importantes de acuerdo a la etapa de vida en la que están, como por ejemplo aprender a administrar sus finanzas básicas.

Ayudar a nuestros hijos a aprender conceptos y prácticas financieras básicas es una de las responsabilidades más importantes de los padres, que a menudo se pasan por alto. Al incluir esto de forma que pudieran experimentar lo que es ganar su propio dinero para hacer lo que quieren, encontramos el estímulo necesario para que se mantuvieran comprometidos y participaran con entusiasmo. Desde pequeños, comenzamos a inculcarles el hábito de ahorrar un poco de dinero cada vez que recibían un regalo en efectivo, ya fuera de familiares o de nosotros, o ganándolo con las tareas del hogar. Mi esposa llevó a cada uno de nuestros hijos al banco y abrió una cuenta de ahorros a su nombre, y siempre los ayudábamos a ir al banco para que pudieran depositar dinero cuando lo tuvieran. Desde aprender a usar una cuenta de ahorros, después les enseñamos a usar una cuenta corriente, a hacer un presupuesto básico de sus gastos y los principios generales de vivir dentro de sus posibilidades, utilizar el dinero que ya tienen, pagar siempre sus deudas a tiempo para evitar acumular intereses y muy importante, tener una mentalidad de abundancia (en vez de escasez) cuando piensen en el dinero, a pensar en forma positiva, para atraerlo a sus vidas.

Relacionamos los conceptos de realizar tareas y adquirir más responsabilidades con recompensas que eran importantes para ellos según su edad. Este es un concepto muy básico y poderoso: alinear desde el inicio lo que desean lograr (recompensas) y ayudarlos a descubrir diversas maneras de lograrlo (responsabilidades), teniendo nuestro apoyo y siguiendo los principios de empoderamiento y delegación que describí anteriormente. No seguimos el sistema de puntuación durante su adolescencia y no hubo problema. Habían aprendido el concepto básico desde pequeños, y nuestra comunicación nos permitió alinearnos en lo que más les importaba, enfocándonos en cómo facilitarles el camino, siguiendo los mismos principios.

Este último año, la vida nos ha dado la oportunidad de volver a probar este concepto con otros adolescentes, más de 10 años después de haberlo hecho con nuestro hijo menor cuando era adolescente. Tuvimos a dos de nuestros sobrinos, ambos de 13 años, viviendo con nosotros durante un año, ya que vinieron a nuestra casa para tener la experiencia de estudiar en el extranjero. Dado que no tuvimos el privilegio de educarlos desde pequeños como lo hicimos con nuestros hijos, y solo estuvimos juntos un año, decidimos probar la idea de una tabla de recompensas y responsabilidades a los pocos meses de su llegada. Les ofrecimos diversas actividades para ganar puntos (voluntariado, leer un libro completo, palear nieve, limpiar la cocina, sacar buenas calificaciones en alguna materia que necesitaban mejorar, etc.). Asignamos el mayor valor a las cosas más importantes. También definimos posibles recompensas para las actividades que les gustaría hacer durante su año con nosotros (un viaje de fin de semana a una ciudad cercana, un día de esquí en nieve, ver un partido deportivo en el estadio). Asignamos un mayor valor a las más ambiciosas o que implicaban una planificación familiar más compleja. Cabe destacar que dejamos varias recompensas sin necesidad de acumular puntos, (actividades culturales, ir a un museo, a la biblioteca, a un evento social). También nos aseguramos de que supieran que tenían actividades que eran sus responsabilidades básicas y debían hacerlas de todas formas y no les daríamos puntos (hacer su cama, limpiar su habitación). Usamos una tabla similar a esta:

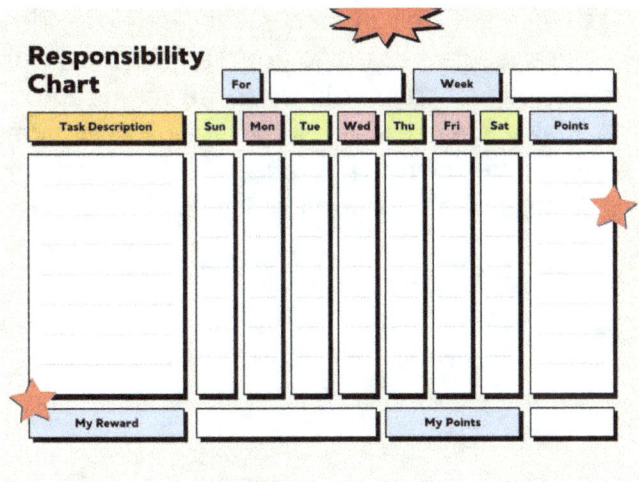

Tras varios meses utilizando este concepto, los resultados han sido positivos. Los hemos visto participar y trabajar, cada uno a su manera, para obtener las recompensas deseadas. Han aprendido a esperar y desear cosas a las que normalmente tendrían acceso instantáneo. Un aprendizaje muy enriquecedor ha sido que, además de la actividad o la recompensa, hemos podido hablar sobre las razones por las cuales no pueden obtener las recompensas de inmediato y por qué necesitan esforzarse para conseguirla cuando, al parecer, otros niños de su entorno podrían recibirlas sin tener que hacer el mismo esfuerzo. Verlos participar en el diálogo, a veces rechazando o rebelándose contra la idea, pero con nuestra constancia, viendo cómo aceptaron participar, buscando ganar más puntos y alcanzando los puntos necesarios y cumpliéndoselas, porque se las ganaron, ha sido una experiencia realmente enriquecedora para todos, lo que ha reafirmado el poder de este concepto.

Leí en algún lugar que existe un estudio multigeneracional realizado por la Universidad de Harvard, con 85 años de duración hasta el momento (y la cifra sigue aumentando), en el que los investigadores evaluaron los antecedentes de más de 700 personas con alto rendimiento y descubrieron una fuerte conexión entre haber realizado tareas domésticas y el éxito profesional posterior, así como una mayor probabilidad de ser más felices en la edad adulta. Algunas de las conclusiones se relacionan con que los niños se vuelven menos egocéntricos y desarrollan una mejor ética laboral. Los niños que se sienten involucrados en responsabilidades compartidas tienen gran autoestima y desarrollan mayor confianza en sí mismos. Son conscientes de las necesidades de quienes los rodean, desarrollan empatía y están más dispuestos a ayudar a los demás.

Ideas Clave:

Una excelente forma de desarrollar sentido de propiedad y de responsabilidad en sus hijos es enseñándoles a realizar tareas domésticas, desde que tienen edad para poder entender el concepto.

A medida que los niños crecen, deja que hagan el trabajo (no lo hagas por ellos). Puedes usar las 4D's: Define la tarea, Demuéstrala, Delégala y Demándala.

Lo que se mide se hace, lo que se recompensa se repite. Siempre que sea posible, hazlo explícito, visual, divertido y atractivo.

Canción:

"Takin' Care of Business" – Bachman-Turner Overdrive

"Polvitos Mágicos" de Mamá

"Todo lo que necesitas es fe, confianza
y un poco de polvo de hadas." - Campanilla

En nuestro mundo complejo, nos vemos bombardeados por una gran cantidad de información, tendencias en redes sociales, y sus influenciadores, todo tipo de profetas autoproclamados, expertos, líderes buenos y malos, un avance exponencial de la tecnología y la ciencia, incluyendo el rápido desarrollo de la inteligencia artificial, entre muchas otras cosas. Con todo esto alimentando nuestro cerebro las 24 horas del día, los 7 días de la semana, se vuelve cada vez más difícil discernir la verdad y cómo formar nuestras propias creencias.

Pienso que los padres pueden ayudar a sus hijos a navegar este entorno hablándoles sobre la importancia de cuidar todas las áreas de su bienestar: físico, mental, emocional y espiritual; con la intención de que puedan aprender a elegir los alimentos que necesitan en cada área y ayudarles a dar pequeños pasos en forma constante hasta desarrollar hábitos positivos en cada una. Por ejemplo: Físico= Ejercicio, Nutrición, Sueño; Mental = Lectura, Estudio, Meditación; Emocional = Compartir, Escuchar, Dialogo interno Positivo, Escribir un Diario; Espiritual = Reflexión, Oración, Gratitud, Servicio. Cada uno de estos puede implementarse comenzando con pequeñas rutinas regulares, con apoyo constante y, por supuesto, con muchos recordatorios de los padres hasta que el hábito se arraigue.

Hay dos hábitos, fáciles y sencillos de implementar, que he visto que han tenido un impacto muy positivo en nuestra familia y que me gustaría destacar ya que pueden ayudar a acelerar el crecimiento en todas las áreas y a fortalecer creencias positivas.

El primero es el hábito del diálogo interno positivo. Enseñar a sus hijos a hablarse a sí mismos, a escuchar sus propios mensajes, a romper su propia auto programación negativa puede cambiarles la vida. Por ejemplo, solo un cambio en las palabras, en lugar de decir "Tengo que hacer mi tarea...", decir "Puedo hacer mi tarea..." para verlo como un privilegio, como una oportunidad de ir a la escuela y aprender, ayudándolos a no darlo por sentado y a apreciarlo puesto que no todos los niños en el mundo pueden hacerlo. De la misma manera, en lugar de decir "Debería hacer esto..." decir "Puedo hacer esto..." coloca a la persona en una posición de elegir qué hacer en lugar de sentirlo como una imposición o como algo que hacen por cumplir con las expectativas de otra persona. Lo que decimos influye en cómo nos sentimos y en última instancia, en cómo creemos que son las cosas.

El segundo es el hábito de la gratitud. Mi esposa es un ejemplo de practicar la gratitud a diario y ha enseñado a nuestra familia a hacerlo de muchas maneras. Nos ayuda a visualizar y expresar la gratitud diaria como una forma mágica y poderosa de atraer abundancia, alegría y plenitud a la vida. Agradecer por quién eres, por lo que tienes, por lo que quieres recibir y por quién quieres llegar a ser, como si ya lo hubieras recibido, como si ya te hubieras transformado, atrae la gratitud a tu vida. Puedes hacerlo al amanecer, al despertar, o por la noche, al terminar el día; puedes hacer una lista, orar, escribirla, cómo sea que prefieras.

Y puedes hacer lo mismo con tus hijos. La clave es hacerlo con frecuencia, para que se convierta en un hábito. Mientras nos enseñaba esto, mi esposa siempre hace un pequeño gesto con la mano, como esparciendo "polvitos". mágicos al aire y agradeciendo a Dios por todas esas bendiciones en nuestras vidas. Me alegra ver a nuestros hijos ahora siendo adultos llamar a Mamá y pedirle que les envíe polvitos mágicos para algo importante en sus vidas. Mi esposa les explica cómo hacerlo con gratitud y termina siempre con el gesto simbólico del polvo mágico por FaceTime.

Si crees o no en la magia de verdad es una decisión personal, pero todos podemos aprovechar el poder de la gratitud en nuestras vidas con nuestros pensamientos y aún más importante, con nuestras acciones. Y sin duda es una manera maravillosa de conectar en familia, de reflexionar, de orar, de agradecer por nuestro pasado, nuestro presente y nuestro futuro juntos. Y mientras lo hacemos, como cuando éramos pequeños, tener un poco de polvo de hadas en nuestras vidas siempre nos alegrará el día.

Ideas Clave:

La magia que todos buscamos en nuestras vidas está a nuestro alcance, en nuestros hábitos, pensamientos y acciones. Al final, somos lo que pensamos de nosotros mismos y lo que hacemos a diario.

Enseñar a nuestros hijos a hablarse a sí mismos con amor y a estar agradecidos cada día por quienes son y lo que pueden hacer con sus vidas son las claves para que se den cuenta de que el verdadero poder y la magia está en ellos, solo necesitan elegir hacerlo y comportarse como tal.

Canciones:

"Do You Believe in Magic?" - Aly & AJ

"Every Little Thing She Does Is Magic" – La Policía

"You Can Do Magic" - America

Convertirse en uno mismo cuando todo a tu alrededor cambia

"Mi identidad no es mi obstáculo.
Mi identidad es mi superpoder." – América Ferrara

Tener la oportunidad de mudarnos y vivir en diferentes países en familia ha sido una experiencia increíble, pero también ha conllevado desafíos, tanto para la familia como para cada integrante. Puede ser intimidante cambiar de escuela, ciudad, país, idioma, cultura y dejar atrás a amigos y familiares para comenzar una nueva vida en otro lugar.

En todas las mudanzas, aprendimos mucho sobre cambios y transiciones, y experimentamos con la aplicación de algunas de las mismas herramientas que yo he usado para gestionar el cambio organizacional, junto con algunos rituales instintivos que nos ayudaron a adaptarnos a nuestras nuevas vidas. El primer concepto es reconocer que el cambio es un evento; puede ser elegido (por ejemplo: decides mudarte) o puede ser algo inesperado (por ejemplo: tu casero decide vender la casa y tienes que mudarte); en cualquier caso, el evento tiene un inicio y un final claros, un día estás en un lugar, al día siguiente en otro. El segundo concepto es reconocer que la transición es un proceso, ya que lleva tiempo adaptarse a un nuevo entorno y para pasar del estado actual al nuevo, todos transitamos por tres fases según el Modelo de Transición de William Bridges (**Dirigiendo el Cambio**): 1) Fase Final, 2) Fase de Transición, 3) Fase de Nuevo Comienzo. Así es como vivimos estas fases en familia:

El Final: Esta fase se trata de celebrar el cierre de la etapa actual. Es crucial tener rituales para expresar nuestra gratitud por todas las experiencias vividas y honrar las maravillosas relaciones que llegaron a nuestras vidas. Esto incluye despedidas de amigos y seres queridos, visitar lugares favoritos una vez más, volver a disfrutar de nuestra comida favorita, hacer cosas que quizás no estén disponibles en nuestro lugar de residencia al regresar y expresar todo nuestro amor a todas las personas importantes en nuestras vidas. Es una combinación de alegría y tristeza. Una frase que describe bien esta etapa es: "No llores porque se acabó, sonríe porque sucedió" – Dr. Seuss.

Para honrar la etapa final, mi esposa creó un ritual muy especial para despedirnos de nuestro hogar, teniendo una última cena allí, una vez que todo estaba empacado y listo para partir. Recorríamos cada habitación despidiéndonos y expresando nuestra gratitud. Recordábamos los momentos maravillosos que pasamos allí y agradecíamos a Dios por la oportunidad de tener un hogar como ese. También nos despedimos de todos los lugares especiales que frecuentábamos. Una lección importante que aprendimos como familia es que, sin importar a dónde vayas o si alguna vez regresas, siempre conservarás esos recuerdos y experiencias como parte de tu identidad actual. La pérdida física o emocional está presente, pero la experiencia y el recuerdo ahora forman parte de la esencia de tu identidad y no se pierden.

En esta fase, es muy importante no pasar por alto esos rituales ni intentar ignorar esos sentimientos de pérdida. Estos necesitan ser honrados y apreciados. Recuerdo una vez, cuando terminamos de empacar nuestra casa en Brasil y ya nos habíamos mudado a un hotel, preparándonos para salir del país al día siguiente. Estaba en el ascensor con mis dos hijos, de 9 y 7 años, y mi hijo mayor me miró y me dijo con la voz entrecortada: "Papá, ¿puedo llorar porque nos vamos?". Le dije: "Claro que sí, puedes estar triste y llorar", mientras lo abrazaba. Había otro hombre en el ascensor y mientras la puerta se abría, conforme iba saliendo se giró hacia nosotros y nos dijo también con la voz entrecortada y los ojos llorosos: "Siempre está bien llorar, pequeño". Fue un momento muy dulce que nos recordó lo importante que es reconocer esos sentimientos de pérdida cuando surgen y nunca avergonzarse de expresar las emociones.

La fase de Transición: Los seres humanos no somos aparatos electrodomésticos que se puedan desconectar de un lugar y conectar en otro y funcionar al instante como si nada hubiera cambiado. Las transiciones llevan tiempo y consisten en una combinación de dejar atrás lo viejo y empezar a explorar lo nuevo. Puede ser un tiempo desordenado y hasta caótico. Aquí es donde sientes que no perteneces a ningún lugar. Aún no te has adaptado a tu situación actual y extrañas mucho tu lugar de origen. Las emociones se intensifican, hay mucho más llanto, quejas, negación y mucha auto convicción de que todo estará bien. Hay días buenos y malos, muchos arranques y paradas, ensayos y error, idas y venidas, tanto emocionalmente como en todos los aspectos de tu vida.

Esta fase se trata de progreso, sin importar lo pequeño que sea. Como familia intentamos muchas cosas en esta etapa, algunas funcionaron bien, como que mi esposa le pidiera a cada hijo durante los primeros días en el nuevo lugar, al regresar de la escuela, que escribieran en una nota adhesiva algo que les haya gustado de su día. Yo les di la meta de hacer un amigo al día siguiente y celebrar esos pequeños pasos. Otras cosas como contactar a otros padres para invitar a sus hijos a una fiesta de cumpleaños, ir a la escuela con frecuencia para ver cómo iban las cosas y ofrecerse como voluntarios para las excursiones, ir a almorzar y estar más al pendiente constantemente para anticipar los problemas. Tuvimos nuestra cuota de tristeza, algunos eventos de "bullying" (intimidación) a alguno de nuestros hijos, e incluso la necesidad de intervenir en algunas escuelas para asegurarnos de que se prestara suficiente atención a las necesidades de nuestros hijos. Las transiciones pueden llevar mucho tiempo, sobre todo cuando las cosas no salen como se esperaba. Pedir ayuda y supervisar de cerca esas primeras semanas marca una gran diferencia.

Los Nuevos Comienzos: Esta fase se centra en explorar posibilidades y aprovechar los primeros logros. La llamo la fase de "encontrar la chispa" que encenderá la llama positiva y creará el impulso hacia una nueva vida. A veces, llega en forma de una nueva amistad, puede ser un chico o chica que les gusta y que les devuelve la sonrisa, o puede ser cuando deciden arriesgarse a hacer algo nuevo, algo diferente y triunfar, cambiar de estilo o aprender algo emocionante. Cuando encuentran esa chispa, la ves en sus ojos, la oyes en su voz, su entusiasmo es inconfundible y te encargas de perseguirla. Encuentras oportunidades para hacerlo más, celebrarlo, hacerlo crecer. En muchos sentidos, esto se convierte en el descubrimiento de nuevas posibilidades para ellos. Nuestra hija Andrea descubrió su talento para la música aprendiendo a tocar la guitarra en una de nuestras mudanzas y su amor por estar en el escenario en otra. Nuestro hijo Fernando descubrió su gusto por el arte y la escritura visitando museos y aprendiendo de una gran maestra, junto con su afinidad para deportes individuales como el tenis y el atletismo. Nuestro hijo Rodrigo descubrió su pasión por el dibujo, el fútbol y los deportes de equipo para socializar con sus amigos. Todas esas habilidades no solo les ayudaron a adaptarse en un momento específico, sino que ahora son parte integral de su identidad.

Las tres fases le ayudan a cada miembro de la familia a descubrir quiénes son y quiénes desean ser. La fase final de un cambio celebra tu historia, de donde vienes y las raíces que decides incorporar a tu vida. La fase de transición pone a prueba tu resiliencia; es cuando empiezas a expandir tus alas, a arriesgarte, a veces caes, otras veces vuelas, afina tu adaptabilidad y alimenta tu fuerza de voluntad. Y la fase de nuevo comienzo sirve como catalizador para redefinir tu identidad, sentando las bases de esos lazos para toda la vida, reuniendo todos los aprendizajes, todas las experiencias y todas las posibilidades.

Ideas Clave:

Crecer es una experiencia constante de cambios y transiciones. Aprender un poco sobre cómo funcionan las tres fases de los cambios (final, de transición y nuevo comienzo) puede ayudar a los padres a comprender y apoyar a sus hijos en las diferentes etapas de la vida.

Descubrir los rituales familiares en cada fase del cambio son grandes oportunidades para ayudar a los miembros de la familia no sólo a seguir adelante sino a tener recuerdos preciados para siempre.

Canciones:

"Unwritten" – Natasha Bedingfield

"Hold On" – Wilson Phillips

Interacciones sociales:
desarrollar su propia voz y confianza en sí mismos

"Los niños son como el cemento húmedo:
todo lo que cae sobre ellos les deja huella." – Haim Ginott

Mis padres siempre han sido muy sociables y están en contacto frecuente con la gente, ya sea con familiares, amigos, su comunidad en la iglesia y los diferentes grupos de padres de las escuelas a las que asistimos. Ambos tienen más de 85 años y todavía lo hacen, a pesar de las limitaciones propias de la vejez. Son muy buenos para mantener la cercanía con sus amigos de toda la vida y están abiertos a hacer nuevas amistades, incluso ahora. Quizás esta sea una de las principales razones por las que siguen disfrutando de una larga vida, ya que tener el apoyo de un grupo social activo es fundamental para nuestro bienestar mental.

Hasta donde recuerdo, el hogar donde crecí era un lugar para reunir gente, para celebrar la familia y la amistad. Mis padres tenían un grupo de amigos que se reunía todos los viernes por la noche durante más de 30 años. Muchas de esas reuniones eran en nuestra casa y desde muy pequeños, mis padres de alguna manera, nos integraron en las interacciones con sus amigos. Nos llamaban para saludar a todos los adultos, uno por uno, dándoles la mano o un abrazo o beso en la mejilla (típico saludo en México), y nos invitaban a quedarnos allí un rato para interactuar con sus amigos y compartir un poco de nuestras vidas. De niños, después de esos primeros momentos de interacción social, nos mandaban a nuestras habitaciones en el piso de arriba, y recuerdo quedarme sentado en las escaleras junto con mis hermanos, escuchando sus risas, bailes y diversión. A medida que crecíamos, nos invitaban no solo a saludarlos y estar presentes unos minutos, sino también a formar parte de sus celebraciones. Conocimos a sus hijos, y hasta terminamos viajando juntos, haciendo buena amistad con algunos de ellos.

Esas interacciones sociales me marcaron profundamente. De niño, me ayudaron a dar mis primeros pasos comunicándome con adultos, a ganar confianza en un espacio seguro donde me sentía querido y cuidado. Sus preguntas sobre lo que me gustaba en la escuela, los deportes, mis amigos y otros temas eran preguntas sobre mí, donde todas las respuestas dependían completamente de mí; no había nada correcto o incorrecto, no tenía que estudiar ni fingir, así que me sentía cómodo respondiendo e interactuando con ellos.

A medida que fui creciendo, me di cuenta de lo formativo que puede ser para los niños ser escuchados, incluso cuando son muy pequeños, prestar realmente atención a lo que dicen, ayudarlos a encontrar su propia voz, y a expresar sus pensamientos y sentimientos. Hay que evitar como padres convertirnos en sus intérpretes en situaciones sociales, ya sea adivinando lo que quieren decir, o diciéndoles lo que los padres creen que deberían decir frente a otros adultos.

Todos podemos aprender a no temerle ni sentirnos extraños cuando hay largos momentos de silencio o pausas, mientras los niños (y a veces los adultos) ordenan sus pensamientos. Podemos evitar la tentación de decir cosas sin pensar solo para que la conversación fluya o para mantener la atención de los demás. Ese no es el objetivo. Se trata de ayudar a nuestros hijos a encontrar su voz interior, a escucharla, a practicar cómo decir lo que quieren, lo que sienten, lo que en verdad quieren transmitir. Puede que sus pensamientos y palabras no salgan bien articulados, que titubeen algunas veces, digan algo raro o se bloqueen tras el primer intento. Es entonces cuando podemos apoyarlos en lugar de presionarlos. Podemos ser pacientes, pedirles que se tomen su tiempo o que encuentren otra manera de expresar lo que quieren decir, tal vez dibujándolo, cantándolo, bailándolo, o simplemente que lo piensen y lo compartan más tarde cuando estén listos. Se trata de desarrollar su confianza y eso se logra con paciencia, práctica y apoyo.

Así que mi esposa y yo tuvimos nuestros propios hijos, hablamos conscientemente de esto y lo hemos puesto en práctica. Desde pequeños, incluimos a los hijos en nuestras reuniones sociales, donde había otros adultos, con todos nuestros amigos. Les pedimos que saluden a cada uno de los adultos en la sala, que les den la mano firmemente, que los miren a los ojos, que no solo se queden ahí, sino que interactúen, que compartan con sus propias palabras lo que piensan y que les pregunten sobre sus vidas, que muestren interés en la otra persona. Y al terminar las reuniones, hablamos juntos sobre a quién conocieron, qué aprendieron y cómo se sintieron. Si bien no siempre ha sido fácil, podemos decir que les ha ayudado a desarrollar su propia voz y a desarrollar habilidades básicas de interacción social.

Más allá de nuestros amigos, les inculcamos la expectativa de interactuar con otros adultos en sus vidas, con los padres de sus amigos, y a medida que se convertían en adolescentes y jóvenes adultos, de interactuar deliberadamente con los padres de las personas con las que salían. Si iban a recoger a alguien para ir a una cita, debían estacionar el auto, entrar a la casa, saludar y conocer a los padres y conversar, compartiendo algo sobre sí mismos, haciendo preguntas y mostrando interés y preocupación por los demás. Creo que es crucial que nuestros hijos aprendan a socializar, a relacionarse con las generaciones anteriores y a respetarlas. Es responsabilidad de los adultos mostrarles el camino, invitarlos a entrar, abrirles la puerta para que aprendan a disfrutar de esas interacciones. Nunca es tarde para intentarlo. En su próxima oportunidad, invita a los niños a quedarse con un propósito y facilita la interacción de una manera que fortalezca su confianza en sí mismos.

Ideas Clave:

Las reuniones sociales con amigos adultos son grandes oportunidades para "entrenar" a nuestros hijos a desarrollar habilidades de interacción social desde muy pequeños.

Empodéralos y permíteles encontrar su propia voz, expresar sus pensamientos con sus propias palabras, ser pacientes, no preocuparse por el silencio y apoyarlos en el camino.

Canción:

"Brave" – Sara Bareiles

Baila como si todo el mundo te estuviera mirando

"Bailar es salir de ti mismo.
Más grande, más hermoso, más poderoso.
Esto es poder, es gloria en la tierra,
y es tuyo para que lo tomes." – Agnes de Mille

Para muchas personas, bailar es simplemente una convención social, un ritual asociado a eventos y celebraciones como graduaciones, bodas y otras fiestas. Para otras, bailar es algo que hay que soportar, algo que hay que aprender para no hacer el ridículo en público. Para otras puede ser una forma de ejercicio, para ponerse en forma, y para quienes son muy disciplinados y talentosos, bailar se convierte en su propósito y en su forma de vida. Estoy seguro de que existen estudios que correlacionan los beneficios del baile para nuestro bienestar. Existe un componente social, ya que cada vez que bailas con otros, te comunicas y si lo haces regularmente con amigos, creas comunidad. Existe un componente mental: las sonrisas, las carcajadas, la estimulación de los sentidos, seguir la música, cantar las canciones y la coordinación para seguir el ritmo. Existe un componente físico: mueves prácticamente todo el cuerpo, los músculos, te estiras, aceleras el ritmo cardiaco, respiras profundamente para gritar, para cantar y aumentas tu resistencia para mantenerte en la pista de baile. Y hay un componente emocional, ya que bailar con una pareja puede evocar sentimientos más profundos, te conectas físicamente, sincronizas tus movimientos y experimentas estar presentes juntos.

Para mí, bailar ha sido una parte muy especial de quien soy como persona. Me recuerda a la película de **Billy Elliot**, cuando él estaba en la audición para la escuela de ballet y uno de los profesores le preguntó: "¿Qué sientes al bailar?", y Billy le respondió: "No sé, una vez que empiezo, me olvido de todo, siento un cambio en todo mi cuerpo, como si hubiera fuego en mi cuerpo, simplemente estoy ahí, volando, como un pájaro... como electricidad". Eso resume bastante bien lo que yo siento por el baile. Desde que tengo memoria, cuando hay música, salgo a bailar, sintiendo la música y disfrutando en pleno, la mayoría del tiempo con otras personas alrededor, y en otras veces estando solo.

De pequeño, me encantaba ver bailar a mis padres, sobre todo rock and roll. La sincronización, los giros, sus sonrisas... todo estaba perfectamente coreografiado. Mi padre me dijo una vez: «El que baila, se lleva a la chica». Y me enseñó lo básico para bailar en pareja. Tengo recuerdos tempranos de mis padres y hermanos aprendiendo a bailar juntos en casa, cualquier fin de semana. Eso se convirtió en una imagen de lo que quería hacer con mis hijos en el futuro.

He tenido la gran suerte de enamorarme de alguien a quien también le gusta bailar. Ambos disfrutamos bailar en pareja y les hemos inculcado a nuestros hijos el amor por la música y la alegría de bailar. Desde que eran bebés, los teníamos en brazos, y bailábamos juntos en familia, transmitiéndoles las enseñanzas de sus abuelos. Nuestros tres hijos han aprendido los fundamentos del baile en pareja y han desarrollado su propio estilo personal. Es hermoso ver cómo sus diferentes personalidades cobran vida en sus movimientos y cómo se relacionan con los demás en la pista de baile. Hay pocas cosas en la vida que disfruto tanto como bailar con mis hijos adultos.

Bailar para nuestra familia se ha convertido en uno de nuestros lenguajes de amor. Hay algo realmente especial que ocurre cuando bailas con tus seres queridos, te dejas llevar, saltas, coreografías juntos, muestras tus mejores pasos, aprendes nuevos movimientos de tus hijos y simplemente estás completamente presente. Lo maravilloso de bailar es que involucra la mayoría de tus sentidos. No puedes estar bailando y mirando el teléfono o incluso conversando. Si te sumerges en la música, sintiendo el ritmo e interactuando con quienes te rodean, bailar se convierte en una verdadera forma de conexión humana que puede crear recuerdos imborrables y fortalecer los lazos de amor con tus seres queridos.

Mi deseo es que nuestros hijos compartan nuestro lenguaje de amor por el baile con sus propias familias cuando las tengan. Mi invitación es a que cada familia pueda experimentar la alegría y la unión que nacen de bailar juntos. No se preocupen por la habilidad ni por lo que piensen los demás. Solo necesitan sentir la música y expresar lo que les salga naturalmente en ese momento. Para comenzar, solo hay que cerrar los ojos, escuchar el ritmo, soltarse y dejarse llevar por el cuerpo. No lo pienses, simplemente hazlo.

Ideas Clave:

Bailar es una de las formas más completas y bellas de expresión y conexión humana.

Disfruta del baile independientemente del nivel de habilidad y practícalo en familia tan a menudo como sea posible.

Canciones:

"La Ventanita" - *Garibaldi*

"Te contarán" – *Juan Luis Guerra*

"Yo no sé mañana" – *Luis Enrique*

"Can't Stop This Feeling" – *Justin Timberlake*

"Dancing with Myself" – *Billy Idol*

"Footloose" – *Kenny Loggins*

"Arerê – Ao Vivo" – *Banda Eva*

Ensayos Universitarios: Unas joyas de autodescubrimiento

"Es a través de la fortaleza de la observación
y la reflexión que uno encuentra el camino. Por lo tanto,
debemos excavar y ahondar sin cesar." – Claude Monet

Como dice el proverbio africano: "Se necesita una villa entera para criar a un niño", esto se vuelve muy real cuando tus hijos deciden ir a la universidad y llega el momento de prepararse. El proceso, al menos en Estados Unidos, es ciertamente complejo y se convierte en un asunto familiar importante, sobre todo durante los últimos años de la educación secundaria. Es entonces cuando los hijos y sus padres están más conscientes del impacto de sus calificaciones académicas, las actividades extracurriculares y de desarrollo de liderazgo, el servicio comunitario, los deportes, las asociaciones estudiantiles, los clubes y otros aspectos que pueden influir en la solidez general de la solicitud de ingreso a las universidades. Todos estos factores pueden aumentar las posibilidades de ser admitidos en la institución de su preferencia y la oportunidad de recibir apoyo financiero.

Parece una carrera de obstáculos, o mejor dicho, tipo una aventura como la película "Jumanji". Implica esforzarse en todas las asignaturas para obtener buenas calificaciones, especialmente en las más difíciles como son las materias de nivel avanzado (AP en inglés por Advanced Placement) que son ya de nivel universitario. También implica prepararse y realizar varias rondas de exámenes estandarizados para mejorar el puntaje total, conseguir cartas de recomendación de los profesores, hacer largos viajes por carretera para visitar universidades, la difícil decisión de segmentar las opciones entre universidades dentro del estado, universidades fuera del estado, universidades ideales, universidades seguras, el ambiente del campus, el ambiente de la ciudad, las opciones de alojamiento, la elección de compañeros de piso y de cuarto, declarar una carrera de su elección o estar indeciso, y muchas otras cosas más.

Como padre, tienes tres opciones para vivir este proceso: 1) Disfrutarlo, 2) Sufrirlo o 3) Renunciar a él. Sea cual sea la situación familiar, recomiendo de todo corazón que escojan disfrutarlo, sin importar lo abrumador, intenso o engorroso que parezca. Al igual que otros momentos únicos en la vida familiar, esta experiencia probablemente sólo ocurrirá una vez con cada hijo(a), y la forma en que decidas involucrarte, comportarte y responder marcará profundamente su relación. Después de haberlo vivido tres veces con nuestros hijos, puedo decir que es una experiencia familiar fascinante que nos ha dejado recuerdos inolvidables que atesoraremos para siempre.

Uno de los recuerdos más hermosos ha sido presenciar cómo cada uno de nuestros hijos preparaba sus propios ensayos universitarios. Creo que son un verdadero tesoro. La mayoría de las universidades exigen que todos los solicitantes escriban unas 500 palabras sobre temas relevantes como: "¿Por qué elegiste esta universidad?", "¿Por qué quieres alguna carrera o especialidad?", "Describe un desafío importante que hayas superado", "Reflexiona sobre una ocasión en la que cuestionaste una creencia personal", "Habla sobre un tema que te apasione o te interese profundamente", "Describe a una persona que admires".

Hoy en día, los jóvenes se ven tentados a usar herramientas de inteligencia artificial (IA) para mejorar considerablemente la redacción de sus ensayos universitarios. Además de que las universidades también pueden usar sus propias herramientas de inteligencia artificial para detectar ensayos que la utilizaron, existen problemas de integridad cuestionable y falta de autenticidad. El único propósito del ensayo es demostrar la capacidad del solicitante para expresar con palabras cómo piensa, sus propios valores y creencias, y eso no se puede lograr con herramientas de inteligencia artificial. Además, ninguna de estas herramientas puede conocer la historia personal y las experiencias de crecimiento del solicitante. Por eso creo que los ensayos universitarios son una oportunidad maravillosa para la autorreflexión y la expresión personal.

Como parte del ensayo, los solicitantes comparten gran parte de su historia y su trayectoria vital hasta la fecha. Reflexionan sobre sus desafíos, cómo superaron los obstáculos y al hacerlo, inevitablemente, sienten una profunda gratitud por quienes son y por quienes desean llegar a ser, la cual se manifiesta al plasmar sus pensamientos y creencias por escrito.

Escribir un ensayo universitario también puede considerarse un "ritual de transición" ya que marca un cambio simbólico en sus vidas. Reflexionar profundamente sobre sus experiencias y aspiraciones personales es un gran paso hacia la edad adulta. El hecho de que, al igual que nuestros hijos, la mayoría de los estudiantes de secundaria, en particular sus amigos cercanos, pasen simultáneamente por el mismo proceso de autodescubrimiento y profunda autorreflexión, crea una hermosa oportunidad para compartir sus valores, metas e identidad, y aprender más unos de otros sobre quiénes son y en quiénes quieren convertirse.

Con nuestros hijos, tuvimos la oportunidad de aprender cosas hermosas sobre cómo percibieron sus años de crianza y las experiencias que más forjaron su identidad. Todos escribieron ensayos transformadores con reflexiones que vale la pena compartir.

Nuestra hija mayor, Andrea, escribió sobre cómo descubrió la importancia de la conexión humana en un mundo de extremos y contradicciones. Habló de cómo entró en contacto con la realidad a través de un viaje de misiones, donde su "pequeña caja de cristal" donde vivía protegida se hizo añicos para experimentar una realidad radicalmente diferente. Esta experiencia transformó su conciencia, empatía y gratitud al comprender que todos, independientemente de los contrastes y contradicciones circunstanciales, somos iguales en lo que importa. Aquí está el ensayo completo:

Andrea León-Ramos
Ensayo para el programa de Honor de la Universidad

Vivimos en un mundo de contradicciones. Un mundo caracterizado por su capacidad para los extremos. Esta capacidad se sustenta en lo que me gusta llamar "pequeñas cajas de cristal". Todas las culturas las tienen, y pueden ser útiles para fortalecer las tradiciones y creencias, crear unidad en la comunidad y preservar la inocencia. Estas pequeñas cajas de cristal nos protegen de los extremos con los que no queremos lidiar; crean zonas de confort y límites. A través de sus paredes transparentes, podemos ver lo que sucede en otros lugares, pero mantenemos esa distancia segura que impide nuestra comprensión sensorial. Se suele decir que vivimos en nuestras propias "burbujas" personales para intentar transmitir esta idea, pero en mi opinión, ese término es incorrecto; las burbujas son demasiado fáciles de reventar, demasiado fáciles de escapar. Las zonas de confort, no. Muchos vivirán en sus cajas de cristal para siempre, satisfechos con su inocencia y, en última instancia, con su ignorancia. Muchos otros, sin embargo, eligen salir de esas cuatro paredes y adentrarse en la humanidad.

Mis paredes de cristal se rompieron en un viaje misionero en 2010. Mi iglesia organizaba un viaje de semana santa a las afueras de la Ciudad de México para ayudar a una pequeña comunidad. Pasaríamos toda la semana con ellos, desde las 7 de la mañana hasta las 10 de la noche, ayudándolos con cualquier tarea que necesitaran. Nunca olvidaré el momento en que entré en la primera casa para conocer a la primera familia, pues fue entonces cuando empezaron a formarse las primeras grietas en mi pequeña caja de cristal. Caminamos hasta una pequeña casa de adobe de una sola planta, pintada de azul claro, con la pintura desgastada ya pelándose. El sacerdote tocó a la puerta y un niño de unos diez años (la edad de mi hermano menor) abrió la puerta. Nos recibió con una sonrisa que irradiaba admiración y alegría, y nos presentó a los otros cinco miembros de su familia que compartían esa pequeña casa de una sola habitación. Una charla animada resonó en las paredes, con abrazos y besos de bienvenida de todos los miembros de la familia, y los vecinos fueron llamados para que los presentaran. No había contraste físico entre aquella pequeña casa y sus alrededores; el suelo tanto dentro como fuera era de tierra, el aire era igual de caliente y sofocante dentro y fuera, los animales corrían libremente en ambos, sin embargo, la atmósfera dentro de aquella pequeña casa era de humildad, apertura y aceptación instantánea lo que creaba una hermosa distinción entre aquella pequeña casa y sus alrededores.

Durante esa semana, sentí un cambio inmenso en mí. Al recordarlo, a menudo intento identificar el origen de mi transformación. Quizás vino de ir de puerta en puerta y escuchar la historia de cada persona, escuchar su propia batalla, lo que puso mis propias luchas en perspectiva. Quizás vino de recibir el almuerzo de una familia que luchaba por poner una sola comida en su mesa. Quizás vino de conocer a una mujer de 78 años que dormía en una cama de piedra todas las noches, soñando con colchones. Quizás vino de ver a mis hermanos confiar en niños y niñas y jugar con ellos sin nada más que un balón de fútbol, montículos de tierra y su imaginación. Quizás mis muros se derrumbaron cuando los niños se reunieron alrededor de mi guitarra en un día sofocante y cantaron conmigo, aplaudiendo, bailando y sintiendo, olvidando el hecho de que éramos dos extremos y concentrándose en el hecho de que estábamos cantando las mismas canciones. Estaba en las emociones que se reflejaban en los rostros de todos, porque al ver su tristeza, alegría, miedo, determinación, frustración y gratitud, vi mis propias emociones reflejadas en mí. Una situación diferente, una humanidad perfectamente similar. Mi cambio surgió al darme cuenta de que todos, independientemente de sus contrastes y contradicciones circunstanciales, somos iguales en lo que importa. Y aunque toda la comunidad me dio más "gracias" de los que puedo recordar y expresó su gratitud de innumerables maneras, nunca podré recompensarles por el cambio que trajeron a mi interior; por la ruptura de mi pequeña caja de cristal.

Más de 10 años después, he visto cómo esa semilla que se plantó en su alma ha crecido hasta convertirse en una artista y educadora que aboga por la igualdad social y el activismo de los niños.

Nuestro segundo hijo, Fernando, escribió sobre el descubrimiento de sus raíces en medio de los constantes cambios de país, ciudad y casa que caracterizaron su crianza. Estas experiencias transformaron su personalidad y carácter, adquiriendo resiliencia y adaptabilidad, y aceptando nuevos comienzos y partidas como parte de la vida. Su descubrimiento de tener la fuerza y la resiliencia de una "hierba del jardín", con raíces en constante crecimiento, nutrida por la tierra nueva y arrancada, dejando atrás una parte de sí mismo, es un hermoso reflejo de cómo ha formado su personalidad, sabiendo que su hogar y sus raíces están dondequiera que esté en este momento. Aquí está el ensayo completo:

Fernando León-Ramos
Ensayo Universitario

7:20 de un lunes por la mañana. Sentado en mi taburete, tras un trozo de barro intacto, me quedé atónito. Una oleada de ansiedad me invadió mientras mis ojos recorrían la habitación. Dondequiera que mirara, los dedos danzaban sobre el barro formando intrincadas puertas, techos y ventanas; pero no los míos. Mis dedos estaban atascados, trazando la misma frase una y otra vez.

"Crea una escultura que represente tu hogar".

Lo repetí en voz baja. «Hogar», una palabra que había pronunciado miles de veces. Después de las competiciones de atletismo y las clases de arte, las salidas con amigos y los viajes al extranjero, siempre volvía a casa; pero mi hogar no siempre era el mismo lugar.

Envuelto en una manta de hospital en los brazos de mi madre, llegué a casa por primera vez a un departamento de dos habitaciones en Querétaro; sus paredes observaban como mi curiosidad me guiaba hacia armarios ocultos y rincones oscuros.

Saltando por encima del camino de piedritas que me quemaba los dedos de los pies, corrí a la casa color crema en Arizona: una casa donde los niños comían puré de manzana y escapaban del calor en una piscina en el patio trasero.

Anticipando el sonido del piso 14, tomé el ascensor a casa. Al apartamento en Brasil: un laberinto de pasillos con un balcón donde me puse de puntillas para maravillarme con la ciudad que me rodeaba.

Sentado con las piernas cruzadas en un autobús escolar, miré por la ventana durante todo el trayecto a mi casa en un suburbio de Ohio. Las paredes de ladrillo y el techo puntiagudo armonizaban con el diseño del barrio, y el arroyo y la pequeña cañada detrás de la casa se transformaban en mi mundo imaginario.

Atrapado en el tráfico eterno de coches y bocinas a todo volumen, esperé en camino a casa, a mi moderna casa en la Ciudad de México. Un cubo de fría cerámica, metal y vidrio era el único lugar donde me sentía a salvo de los peligros de la metrópolis.

Y la lista seguía, con días en la casa de los abuelos, semanas en habitaciones de hotel y meses en complejos de viviendas temporales. Mi hogar no era un solo lugar. Mi hogar estaba en tres países y siete ciudades, lo que me hacía sentir como si no estuviera en ningún lugar.

"Acuérdate Fer, tu hogar es donde están tus raíces".

Las voces de mis padres resonaban en mi cabeza. Cada vez que el trabajo de mi padre nos llevaba a amontonar nuestras vidas en un camión de mudanzas, me decían que mi hogar es donde están mis raíces; una analogía que pretendía tranquilizarme, pero que en cambio me hacía sentir como una hierba del jardín.

Sí, una hierba del jardín.

Luché constantemente por reclamar mi lugar en comunidades donde todos habían crecido juntos; comunidades donde las raíces de todos estaban entrelazadas profundamente. Luego, cuando finalmente empecé a sentir que un nuevo lugar era mi hogar, mis raíces fueron arrancadas de mis pies y plantadas en tierra extraña.

A primera vista, ser una hierba del jardín era insoportable. Horas de jardinería con mi madre me habían enseñado que las hierbas del jardín son molestas e invasivas: se mantenían firmes cuando luchaba por desenterrarlas y siempre lograban dejar restos de ellas en la tierra. Solo unos días después, volvían a brotar. Pero entonces, me di cuenta de que esas mismas cualidades molestas de las hierbas del jardín eran algunas de mis mejores cualidades. Las hierbas del jardín son resistentes y adaptables; encuentran la manera de prosperar dondequiera que la vida las ponga. Al igual

que una hierba del jardín, dejé partes de mí en cada lugar donde viví y absorbí nutrientes de cada suelo. En cada lugar, mis raíces se fortalecieron con culturas y experiencias distintas. Establecí conexiones en todo el mundo e hice del mundo mi hogar.

Eran las 8:20 de un viernes por la mañana. Me senté en mi taburete detrás de mi escultura terminada con confianza. La figura de barro era sencilla —una casita apoyada sobre un mundo—, pero era simbólica. A mi alrededor, mis compañeros titulaban sus obras con nombres de calles y códigos postales, pero yo no.

Nombre: Fernando León-Ramos
Clase: Escultura
Título: Raíces dispersas: mi hogar está en todas partes

Ahora, muchos años después de terminar la universidad, veo su hambre de viajar, su deseo de conocer y experimentar nuevas culturas, y ser ciudadano del mundo, saboreando todo lo que el mundo tiene para ofrecer, mientras crea un hermoso hogar donde quiera que esté.

Nuestro hijo menor Rodrigo escribió sobre su doble identidad, la diferencia entre su apariencia física y su identidad cultural y sus orígenes. Nacer en México, con piel blanca, cabello rubio y ojos verdes, ha creado esa dicotomía y evolución de identidad al experimentar los prejuicios y percepciones de quienes lo rodeaban al vivir en ambos lugares. Aquí está el ensayo completo:

Rodrigo León-Ramos
Ensayo Universitario

Pasta de dientes y jugo de naranja.
Religión y gobierno.
Dietas y cena de Acción de Gracias.

Aunque variadas, estas combinaciones tienen un denominador

común: cada par representa #DosCosasQueNoSeMezclan. Cuando este hashtag dicotómico se apoderó de Twitter la primavera pasada, me sentí obligado a sumarme a la tendencia con un dúo propio...

@Rodrigolr12: #DosCosasQueNoSeMezclan Cómo me veo y quién soy.

La polaridad ha jugado un rol definitivo en mi identidad desde que tengo memoria. Desde el momento en que el médico le entregó a mi madre su bebé rubio de ojos verdes, mi apariencia ha desconcertado virtualmente a todas las personas con quienes me he encontrado.

En efecto, soy un Mexicano blanco y he sido consciente de ello desde que aprendí a diferenciar los colores. Recuerdo caminar por la Ciudad de México de niño con mi familia de cabello negro y ojos almendrados, sintiendo las miradas de desconocidos posarse en mí: "¡Güero!", gritaban, preguntándome si era adoptado (como si los genes recesivos no existieran) y haciéndome cuestionar por qué parecía un extraño al lado de mi propia familia.

Cuando nos mudamos a Estados Unidos, mi crisis de identidad dio un vuelco al revés. De repente, estaba en un salón de clases en Ohio, a 4800 kilómetros de casa, donde la mayoría de los demás niños se veían como yo. Aparte de mi nombre, no había ninguna señal evidente de quién era ni de dónde venía. Por primera vez en mi vida, nadie cuestionaba mi fachada; pero en ese momento, quería parecerme a mi familia más que nunca. No quería integrarme porque, aunque físicamente me parecía a mis compañeros, mucho de lo que ellos no podían ver es lo que define quién soy.

Quería que todos supieran que soy inmigrante de primera generación, que el español es mi lengua materna y que la esencia de mi identidad se compone de los colores y sonidos vibrantes de mi país; así que eso fue exactamente lo que hice. Compartí mi cultura cada vez que tuve la oportunidad, usando mi camiseta de la selección Mexicana de fútbol más veces de las que mi madre podía lavarla.

Después de años de vivir en Ohio, mi sentido de identidad se expandió más allá de solo ser un chilango que tiene sangre verde, blanca y roja; con el tiempo, le di la bienvenida al azul a mi torrente sanguíneo. Las tardes de otoño estaban llenas de fogatas y paseos en carreta en maizales, los veranos comiendo asados a la parrilla en el Día de la Independencia y los fines de semana con partidos de baloncesto y épicas batallas de rap. Aprendí que las facetas conflictivas de mi identidad no solo podían coexistir, sino que podían servir como un puente intercultural. Ahora dirijo los cánticos en los partidos de fútbol americano con el mismo orgullo y entusiasmo que cuando canto el Himno Nacional Mexicano. En las fiestas familiares, mis amigos se esfuerzan haciendo sus mejores intentos de bailar salsa seguidos de un baile coreografiado al ritmo de "cupid-shuffle". Algunos fines de semana, me devoro las entomatadas de mi madre y otros, disfruto los "funnel cakes" en la feria de la iglesia. Quién soy y cómo me veo —dos facetas que me causaron tanta confusión interior cuando tenía 9 años e intentaba hacer malabarismos entre las dos diferentes culturas— ahora forman una alianza perfecta.

Eso no quiere decir que esto siempre haya sido fácil. En 2016, una oleada de racismo azotó a las minorías. Los actos de odio encontraron una plataforma sólida para esparcirse. Ninguno de estos actos iba dirigido contra mí.

"Amigo, tienes mucha suerte de parecer estadounidense".

La desconexión entre mi apariencia y mi herencia cultural podía servir de camuflaje para evitar conversaciones difíciles. Podía quedarme de brazos cruzados mientras el resto de mi comunidad sufría, pero, al igual que cuando me mudé a Estados Unidos por primera vez, me negué a integrarme. Creo que es especialmente importante ser valiente y celebrar la diversidad cuando parece más difícil. En momentos como estos, es fundamental que busquemos los vínculos entre cosas que a simple vista no encajan. Por eso, yo integro la dicotomía de mi identidad como una plataforma propia: para aceptar, incluir, educar, liderar y al final, para encontrar el camino y la forma en que nuestras diferencias se #mezclan.

Ahora, unos años después de terminar la universidad, veo cómo ha mezclado a la perfección ambos orígenes culturales en su vida cotidiana y cómo disfruta genuinamente de su herencia bicultural.

De nuestros tres hijos, puedo decir que él es quien expresa con mayor intensidad su herencia Mexicana y Estadounidense a través de sus costumbres y su interacción con amigos y familiares.

Como muchas cosas en la vida, podemos encontrar tesoros escondidos en lugares que no son fáciles de reconocer. Los ensayos universitarios son una de esas joyas únicas que una familia puede descubrir. Son un maravilloso reflejo de las raíces y las alas de los hijos y de toda la familia. Mi deseo es que esta hermosa parte del proceso de admisión a la universidad perdure, y que cuando las familias tengan la oportunidad de participar, elijan disfrutar del proceso, aprender más sobre sus hijos y atesorar los ensayos como hermosos recuerdos de su crianza juntos. Y extiendo esta invitación a cualquiera que haya escrito un ensayo universitario o haya ayudado a un familiar a escribirlo: rescátalo, recupéralo, léelo de nuevo y habla de ese(a) joven que estaba reafirmando su propia personalidad y preparándose para conquistar el mundo.

Ideas Clave:

Los ensayos universitarios son un "ritual de transición" de los adolescentes para reflexionar sobre quiénes son y quiénes quieren ser como adultos.

Son oportunidades maravillosas para conectar con ellos, revivir su historia y descubrir su esencia, conocer más sobre sus sueños, metas y valores, y cómo sus raíces familiares están presentes en sus vidas.

Dale la máxima importancia a todo el proceso de solicitud de ingreso a la universidad, especialmente a los ensayos. No renuncies a participar, ni lo veas solo como un "requisito". Participa activamente, sé curioso y brinda apoyo en todo momento.

Canciones:

"This Is Me" – Keala Settle

"Don't Stop Me Now" – Queen

"Best Day of My Life" – American Authors

FOMO, YOLO, JOMO – Enfocarse en lo que realmente importa

*"Si quieres vivir una vida feliz, átala a una meta,
no a personas ni a las cosas."* – Albert Einstein

Seamos sinceros, todos navegamos sin cesar en Instagram para ver qué pasa en la vida de los demás y buscamos dar y recibir "likes" ("me gusta"), también buscamos la frase perfecta para lo que posteamos, encontrando las palabras clave "hashtag" ("etiqueta") de moda y eligiendo comentarios apropiados para lo que las personas que seguimos en las redes sociales. Además, vemos constantemente una cantidad absurda de videos de bebés, animales adorables, tendencias de baile, retos virales, gente haciendo trucos, asustando a otros, innumerables tropiezos o caídas, y tantas cosas que nos mantienen enganchados a esa pequeña pantalla, frecuentemente, y durante horas a la vez.

No niego los beneficios de tener una plataforma en redes sociales para compartir lo que sucede en nuestras vidas. Como mencioné antes, compartir novedades de lo que pasa en nuestras vidas con nuestros seres queridos es importante y algo que vale la pena seguir haciendo, aprovechando las redes sociales. El tema se complica cuando lo que estás viendo en las redes sociales se convierte en una fuente de ansiedad o estrés. Todos podemos recordar un momento en el que sentimos FOMO (las siglas en inglés significan Fear Of Missing Out, que se traduce como: miedo a perderse de algo) al ver las publicaciones de cosas que otros hacen y nosotros no estamos ahí o no hemos hecho; la larga lista de lugares que "debes visitar antes de morir" y en particular, los eventos y actividades que hacen tus seres queridos (o quienes solían ser cercanos) cuando tú te sientes un atrapado en tu vida normal, lidiando con tu rutina diaria de responsabilidades. Para empeorar las cosas, esto alimenta constantemente el deseo de publicar algo, de mostrarles a los demás la maravillosa vida que tienes y de forma muy subconsciente, hacerles sentir a ellos FOMO también. Sí, todos lo hacemos.

Cuando el sentimiento FOMO entra en acción, te preguntas si estás donde quieres estar, si necesitas simplemente dejarlo todo e irte a vivir la vida. Ahí es cuando YOLO (en inglés: You Only Live Once, que se traduce como: Solo Vives Una Vez) toma el control y te lanza a una espiral de ansiedad donde sientes la urgencia por hacer que las cosas sucedan, todas las aventuras que quisieras tener en la vida, lo más rápido posible. Me recuerda a la película favorita de mi hijo Fernando, titulada **Ferris Bueller's Day Off**, (que se traduce como: **El Dia Libre de Ferris Bueller**) que muestra a un estudiante de secundaria descarado que tiene una gran habilidad para faltar a clases y salirse con la suya. Ferris prácticamente decide vivir en un estado constante de YOLO; tiene dos mejores amigos, una chica llamada Sloane que coincide con su mismo nivel de energía disparatada, y un chico llamado Cameron, que sufre de ansiedad y le tiene mucho miedo a su padre que es sobre controlador, y siempre está tratando de estar a la altura de las expectativas de sus padres y de las convenciones sociales. A través del "día libre", Ferris empuja a Cameron a dejar de tener FOMO y vivir un día en un estado puro de YOLO. Al final de la película, Cameron se libera mentalmente de sus ataduras y recupera el valor para enfrentarse a su padre y empezar a vivir a su manera. Entonces, Ferris acuña una frase que resume a la perfección lo que significan FOMO y YOLO: «La vida pasa muy rápido. Si no te detienes a mirar a tu alrededor de vez en cuando, podrías perdértelo». – Ferris Bueller.

Al igual que la historia de Cameron, podemos atribuir tanto a FOMO como YOLO, o el "efecto Ferris Bueller", a lo que ha sido la "gran renuncia" de talento que abandonó sus trabajos en casi todo el mundo conforme fue terminando la pandemia de COVID-19. En particular, el talento joven fue el más impactado. Ese fue un punto de inflexión para comprender la importancia de vivir una vida plena y equilibrada, todos los días, y la necesidad de mantenerse conectados socialmente, virtualmente o en persona. Normalizó la necesidad de prestar atención a la salud mental para todos en todo momento.

Como líder de Recursos Humanos, puedo decir que esto fue una llamada de atención para todos los líderes y gerentes del mundo. No importó en absoluto el tipo de empresa, la cultura del país, el tipo de trabajo o el campo profesional en particular, ni siquiera la edad. El YOLO se extendió ampliamente y cambió la cultura, las políticas y las prácticas corporativas e institucionales en todas partes. El talento global tuvo por una vez la oportunidad de vivir una experiencia humana compartida al mismo tiempo y replantearse sus vidas reconsiderando la congruencia de sus decisiones con lo que más les importaba y actuar deliberadamente. Muchas personas decidieron dejar sus trabajos, mudarse a donde realmente querían vivir, solicitar permisos de ausencia prolongados y emprender algo nuevo, más alineado con su propósito e intereses en la vida, y simplemente optaron por permanecer en un estado de YOLO por un tiempo. Esto fue doloroso para las economías y las empresas, pero en mi opinión, normalizó la importancia del bienestar personal como un elemento esencial de cualquier cultura institucional, programas de recursos humanos y expectativas de liderazgo y gestión de personas. Hoy por hoy, ya no es una excepción, es una expectativa básica que todos los líderes y gerentes deben preocuparse por el bienestar de sus empleados. Esa es una gran consecuencia imprevista de la pandemia.

El riesgo de la combinación de FOMO y YOLO es el componente adictivo. Si bien apoyo la idea de vivir una vida más conectada con el significado y el propósito, esa debe ser la motivación central, y no solo presumir de lo maravillosas que son las cosas. Si al final del día, alguien que está en FOMO y YOLO todavía se siente con estrés, ansiedad y con un gran vacío, aun cuando está haciendo todo lo que creía que era la respuesta para sentirse más satisfecha y feliz, entonces necesita una reflexión más profunda, más allá de las tareas y actividades en sí, y redefinir su enfoque sobre lo que significa disfrutar la vida y ser feliz.

Como padres de una generación adepta a FOMO/YOLO, hemos tenido la necesidad de aprender y adaptarnos constantemente para saber cómo responder a cuando nuestros hijos han experimentado estos sentimientos a medida que las redes sociales se volvieron más comunes en sus vidas. Nos dimos cuenta de lo importante que es hablar de ello, escucharlos para comprender cuándo sintieron ese FOMO y ayudarlos a mantener los pies en la tierra, a disfrutar de lo que ya son y lo que ya tienen, a vivir el presente, ser agradecidos y a expresarlo a su manera.

Nuestro ritual diario en la cena, de compartir momentos buenos y malos sobre cómo les había ido el día, que continuamos haciendo durante su adolescencia y ahora en su vida adulta cada vez que nos vemos, funciona de maravilla. Encontrar maneras de desconectar de las redes sociales, ya sea limitando el tiempo que pasamos en ellas o incluso eliminándolas por completo deliberadamente, también ayudó. Salir a estar en contacto con la naturaleza, dedicar tiempo juntos a disfrutar del momento, también ayudó mucho. Hablar constantemente de lo que les motiva, conocer sus metas y aspiraciones, y sentir curiosidad por cómo planean hacerlas realidad para poder apoyarles, también fue de gran ayuda.

Tener una meta relacionada con algo que realmente desean alcanzar en sus vidas, trabajar para lograrlo, ahorrar dinero, planificar quiénes quieren que los acompañen, o simplemente por sí mismos, ayuda a eliminar el deseo de gratificación instantánea, que acentúa el efecto FOMO. Creo que aprender a esperar algo que realmente deseas y trabajar duro para conseguirlo desarrolla tu carácter y te da la resiliencia necesaria para vivir una vida feliz, sin importar las circunstancias.

Otra habilidad importante por aprender y practicar para lidiar con el FOMO y el YOLO es el arte de decir "no" y poder estar en paz con hacerlo, sin sentir remordimiento ni culpa por tomar la decisión de no hacer algo solo porque otros lo hacen. Esto también implica aprender a decir que no a algunas relaciones que pueden ser tóxicas y aumentar el estrés del FOMO, haciendo que la persona se sienta excluida o recordándole lo que se perdió al no participar. Por eso es tan importante conocer a los amigos que rodean a nuestros hijos, para ayudarlos a identificar y a tomar decisiones sobre a quién quieren mantener en sus vidas y tener la valentía de romper con aquellas relaciones que pueden ser perjudiciales. Es mucho más fácil decirlo que hacerlo, y requiere valentía, empatía y perseverancia por parte de los padres y de toda la familia.

Mientras escribía este libro, me topé con un nuevo término, JOMO (Joy of Missing Out que se traduce como: El Placer de Perderse de Algo), como respuesta a la sensación constante de FOMO. El objetivo de JOMO es centrarse en el autocuidado, desconectarse de las redes sociales y reconectar con el presente, disfrutando del momento. Me alegra ver que estos conceptos se comparten abiertamente y que cada vez más personas se dan cuenta de la importancia de ser conscientes del papel que damos a las redes sociales y de centrarnos en lo que realmente importa en nuestras vidas.

Creo que Billy Joel acertó con la forma de ver el FOMO y el YOLO en su canción "Vienna" donde dice: "Tranquilo, niño loco, eres tan ambicioso para ser tan joven, pero si eres tan listo, dime por qué sigues teniendo tanto miedo. ¿Dónde está el fuego? ¿A qué viene tanta prisa? Será mejor que te calmes antes de que te consuma el agotamiento...Tranquilo, lo estás haciendo bien, no puedes ser todo lo que quieres ser antes de tiempo... Tranquilo, niño loco, descuelga el teléfono y desaparece por un rato, no pasa nada, puedes permitirte perder un día o dos..." Me encanta este mensaje y entiendo que se ha convertido prácticamente en un himno para la generación FOMO/YOLO/JOMO. Podemos tomar este consejo y ponerlo en práctica con nosotros mismos y ayudar a nuestros seres queridos en el camino.

Ideas Clave:

El FOMO/YOLO/JOMO son síntomas de la importancia del autocuidado y el bienestar personal. Encontrar lo que realmente importa en nuestras vidas y ser congruentes con nuestras decisiones sobre dónde pasamos nuestro tiempo y con quién nos relacionamos es una forma de gestionar esas expectativas.

Hablar constantemente de esto con nuestros hijos es la manera de comprender qué hay detrás de su sentimiento de FOMO/YOLO/JOMO. La etiqueta no importa, lo que realmente importa son sus emociones y su proceso de pensamiento, así que podemos estar presentes y apoyarlos en sus decisiones.

Canciones:

"I Lived" – One Republic

"Vienna" – Billy Joel

Encontrar a su Príncipe/Princesa
y quitar a algunos dragones en el camino

"El amor no es encontrar a alguien con quien puedas vivir; es encontrar a alguien sin quien no puedas vivir." – Rafael Ortiz

Cuando nuestra hija Andrea tenía apenas dos años, empezó a fantasear con encontrar a su "príncipe" para casarse. Supongo que la influencia de las películas de Disney le llega a todos los niños y niñas y siembra esas semillas desde que son muy pequeños. A su corta edad, ni siquiera sabía decir la palabra "príncipe"; decía "cípipe" y todos nos reíamos, tanto de cómo sonaba lo que decía como de la idea de que una niña de dos años pudiera estar pensando en casarse. Más de 25 años después, no importa cómo lo diga, ya no tiene tanta gracia, al menos no para mí. Cada vez que aparecía un nuevo novio, yo sentía una punzada en el estómago, como si necesitara hacer algo para protegerla. Como padre, el estándar que uno pone para que alguien sea digno de su hija es increíblemente alto. Nadie es lo suficientemente inteligente, fuerte, cariñoso, considerado, trabajador, leal...etc., ya se pueden dar una idea de hacia dónde voy con esto. Me ha costado mucho aprender, madurar y crecer como persona, para poder aceptar el hecho de que un día ella realmente encontrará a su príncipe y será totalmente su decisión, según sus propios estándares, y que yo tengo la oportunidad de ayudarla en el proceso.

Aunque mi esposa me ha acusado de tener un estándar diferente en muchos aspectos relacionados con nuestra hija y nuestros hijos, ambos coincidimos en que no es así cuando se trata de ayudarlos a elegir a sus parejas. Nuestras expectativas son muy altas para todos. Como padres, queremos que nuestros hijos vivan felices y, para ello, necesitan seres humanos maravillosos que los acompañen para siempre. Esta es, sin lugar a duda, la decisión más importante que tomarán en sus vidas.

¿Qué puede hacer un padre para ayudar a sus hijos a elegir sabiamente? Lo primero es decidir acompañarlos en sus relaciones románticas. Es una de las cosas más difíciles que un padre puede hacer y requiere mucho ensayo y error, aprendizaje y adaptación sobre la marcha. Desde el momento en que dicen por primera vez "Me gusta alguien..." hasta el día en que eligen pareja, es una montaña rusa llena de giros inesperados. Escuchas en tu mente una frase de Shakespeare, un poco adaptada de "Ser o no ser": "Involucrarse o no involucrarse", "Hablar de las cosas o mantenerse al margen y dejar que vengan a ti", "Aconsejarles o no", "Compartir tu opinión sobre sus novios, novias o no". Estas son preguntas abrumadoras para los padres.

Puedo decir que, en nuestro caso, decidimos involucrarnos desde el principio, desde una posición de amor incondicional y con el rol de consejeros, algo que todavía puedo decir que tenemos el privilegio de poder hacer con ellos. No me malinterpreten, sabemos que ellos están en el asiento del conductor, tienen el control y la decisión, pero podemos ser copilotos y ayudarlos a navegar, en lugar de simplemente ver el coche pasar desde la calle. Este es un aspecto tan importante de sus vidas que nos dimos cuenta de que no podíamos quedarnos al margen ni simplemente enterarnos de lo que sucede después del hecho. El riesgo de no estar con ellos mientras suceden las cosas en tiempo real es demasiado alto. Aquí les compartimos algunas cosas que aprendimos sobre cómo podemos ayudarlos en el proceso:

<u>Habla del tema, no lo ignores.</u> Desde el primer amor de adolescentes hasta el amor para siempre, hemos descubierto que es increíblemente importante hablar del tema, pero no solo hablar con ellos al respecto. Se trata más de escucharlos y estar completamente involucrados siendo empáticos con lo que sienten para ayudarlos a navegar y tomar decisiones. Hacer preguntas que demuestren interés y no juzguen, como: "¿Hay alguien que te interese?" "¿Cómo te interesaste?" "¿Qué sientes cuando estás cerca de esa persona?" y buscar empatar o complementar su nivel de emoción. Si muestran entusiasmo, emociónate; si se sienten incómodos, muestra empatía para que

se sientan seguros y tengan apertura para contarte más. En esta área, mi esposa es una maestra absoluta, siempre se mantiene al día de lo que sucede en sus relaciones. Dada su habilidad en esta área, ella es la persona a la que acuden primero, y yo también me involucro para apoyar y hablar más profundamente cuando quieren obtener un consejo o simplemente escuchar otro punto de vista. Se necesita paciencia, persistencia y tacto para iniciar la conversación y mantener su interés en compartir. También es necesario que los padres sepan cuándo dar un paso atrás y dejarles espacio o cuándo no hablar de algo.

Conoce sus intereses amorosos. No importa cuán "trivial" pueda parecer la relación, involúcrate con ellos, conócelos lo antes posible. Contrariamente a la creencia de que esto puede hacer las cosas demasiado formales al hacer que conozcan a los padres, conocer a quienes rodean a tus queridos hijos es lo más inteligente que puedes hacer. Como cualquiera de sus amigos, esta es una forma de ver cómo piensan, quiénes son y qué tipo de valores y principios muestran. Cuando nuestros hijos tenían una cita, siempre hemos insistido en que lleven a la persona a la casa primero. Establecimos una regla clara de que sus pretendientes debían bajarse de sus autos, entrar a la casa, para que pudiéramos conocerlos antes de salir. Nuestra hija puede contar algunas historias sobre cómo esto hizo sentir a sus pretendientes y a sus novios... De la igual manera, les establecimos la misma regla a nuestros hijos de hacer lo propio cuando salieran a recoger a alguien en sus casas para salir en una cita, debiendo estacionar el auto, bajarse, entrar a la casa y conocer a los padres cada vez. Aquí tampoco hay doble estándar. Por cierto, esto los diferenciaba de muchos otros muchachos a los ojos de los padres, ya que lo más común era que otros chicos simplemente enviaban mensajes de texto a sus citas para que salieran hacia el auto cuando llegaban a sus casas.

Ayúdales a pensar y darse cuenta por sí mismos de lo que es realmente importante en lugar de decirles qué hacer. Es la peor pesadilla de un padre pensar en que sus hijos terminen en una mala relación de por vida. En más de una ocasión, mi esposa y yo hemos visto las señales de alarma de un posible resultado terrible si nuestros hijos hubieran elegido seguir en una mala relación. Mirando hacia atrás, puedo decir que el mayor riesgo es lo vulnerables que son cuando están enamorados; se puede decir de muchas maneras que están de verdad ciegamente enamorados. Cuando sus amigos y familiares más cercanos ven las señales de advertencia y al contrario de lo que todos vemos, ellos siguen sintiendo y pensando que las cosas mejorarán apoyadas por su amor, o que son capaces de inducir mágicamente un cambio de vida en su pareja para mejorar, cuando todos sabemos que eso no va a suceder.

Entonces, ¿cómo ayudarlos a deshacerse de estos dragones disfrazados de príncipe o princesa? No es tarea fácil. Requiere acercarse a sus hijos y a los "dragones" en cuestión; compartir tiempo juntos haciendo cosas que ambos disfrutan, para que luego puedan hablar de ello. Buscando encontrar maneras de que hagan una pausa, hacerles reflexionar y añadir una perspectiva que los lleve un poco hacia el futuro al que se están dirigiendo. Para ayudarlos a profundizar y a comprender que tan importante como es el "amor el sentimiento", es el "amor el verbo (las acciones)" y poner esas acciones en perspectiva. Esto no tiene por qué ser confrontativo, se trata de ayudarlos a profundizar, invitándolos a hablar sobre valores y situaciones potenciales en la vida: perder trabajos, cómo manejan el dinero, tener hijos o no, cómo educarlos, aprender más sobre su relación con sus familias extendidas, conocer a sus amigos, cómo lidiar con una crisis, cómo responder a una emergencia, cómo apoyarlos en un momento de dolor o tristeza, ser curiosos para hablar sobre las metas y ambiciones de cada uno, su propósito en la vida, etc. Escuchar realmente sin juzgar y siempre reforzando que, en última instancia, es su decisión y recordándoles el hecho de que serán responsables de las consecuencias que se deriven de ello.

Con nuestros hijos, creamos una metáfora sencilla para que recordaran desde que empezaron a salir con posibles parejas: les dijimos: "Encuentra un motor, no un ancla para tu vida". Y les explicamos por qué es importante tener a alguien que no solo apoye tus metas, sino que literalmente te ayude a ponerlas en marcha en lugar de desanimarte. Ser una persona "motor" significa ser alguien que quiere llegar lejos, que tiene pasión por la vida, que tiene metas y aspiraciones propias y que está deseando compartirlas con alguien a quien ama y crear experiencias compartidas. A una persona "ancla" no le gustan los cambios, le da miedo ir a lugares, arriesgarse, y tomar la iniciativa en la vida. Es alguien que depende de la otra persona para que haga la mayor parte del trabajo y siempre encuentra razones para derribar sus sueños.

<u>Dar ejemplo con nuestro comportamiento, con nuestras acciones como pareja.</u> Si algo aprendí de mi padre, es cómo trata a mi madre. Hasta el día de hoy, sigo aprendiendo de ellos a tener una hermosa relación donde siguen enamorados después de estar juntos durante casi 60 años. Nunca he escuchado a mi padre levantarle la voz a mi madre, jamás. Esto es algo que traje a mi propio matrimonio y ha sido una piedra angular en cómo mi esposa y yo hemos elegido comunicarnos. Ha sido asombroso presenciar cómo nuestros hijos lo han aprendido al verlo en nuestras vidas. En sus relaciones, saben que los conflictos se pueden resolver sin pelear, sin dañarse mutuamente. Ha habido más de una ocasión en que nuestros hijos nos han contado que han hablado de este comportamiento al interactuar con sus novios y novias. Dar ejemplo no se trata solo de las cosas buenas. También se trata de cómo lidiar con las situaciones difíciles y hablar de ello constantemente. Todo lo que hagan como pareja deja una huella en sus hijos. Ya sea consciente o inconscientemente lo están experimentando, y pueden elegir emularlo o rechazarlo intencionalmente si es algo que no les gusta.

Dar ejemplo también implica hablar de valores atemporales y otros que cambian con el tiempo. Lo que hacíamos nosotros de jóvenes no necesariamente se puede aplicar ni tiene sentido para nuestros hijos, pero lo importante es hablar de ello, escuchar sus creencias y extraer su aprendizaje para que puedan decidir lo qué quieren buscar en una relación. Por ejemplo, con nuestros hijos, hablamos sobre el significado del sexo y el amor. Nuestra perspectiva es que, en una relación, esperamos que consideren este flujo: "Conocer -> Sentir -> Hacer", donde primero se busca conocer a la persona para desarrollar una relación sólida donde crecen sentimientos de amor mutuo, y luego expresar ese amor profundamente de una manera más íntima y hacer el amor, tener una relación sexual. Cuando todos los medios de comunicación muestran el flujo totalmente opuesto: "Hacer->Sentir->Conocer", donde dos personas se conocen por casualidad, tienen relaciones sexuales, centrándose en la sensación de gratificación instantánea a un nivel más físico y luego se preocupan por conocer a la otra persona, temen mostrar su verdadero yo después de ese nivel tan intenso de intimidad y se resisten a desarrollar fuertes sentimientos de afecto y un compromiso a largo plazo. Lo hablamos así con nuestros hijos y compartimos nuestro ejemplo como pareja que lo vivimos así, con la esperanza de que lo consideren en sus relaciones.

Con el paso del tiempo y tras varias rondas con nuestros hijos, los hemos visto aprender de sus propias experiencias y tomar excelentes decisiones para traer seres humanos maravillosos con quienes compartir sus vidas. Si bien aún quedan muchos pasos por recorrer, confiamos plenamente en su capacidad para tomar las decisiones correctas. Seguimos dedicando nuestra energía en acompañarlos en el proceso, involucrándonos, hablando del tema, conociendo a sus parejas, ayudándolos a pensar en su futuro para que tengan perspectiva y esperando que nuestro ejemplo les haya brindado una guía clara sobre los factores clave a considerar en sus decisiones.

Ideas Clave:

La decisión de quién será la pareja de vida de nuestros hijos es la decisión más importante en sus vidas.

Como padre, involucrarse en esta decisión, de la manera que ellos lo necesitan (no de la manera que nosotros lo necesitamos), es fundamental para poderles brindar el apoyo, la sabiduría y el sentimiento de confianza que necesitan.

Esto es un arte, no una ciencia e implica mucho ensayo y error, perseverancia y adaptabilidad por parte de los padres.

Canciones:

"Zanesville, Ohio" – Andy León

"Breadcrumbs" – Andy Leon

"The Stack" – Jack Rabbit

"This Again" – Jack Rabbit

"End the Daydream (de la película original **Fitting In**)" – Jack Rabbit

"Can't Help Falling in Love" – Elvis Presley

"Si tú la quieres" – David Bisbal

"Por el resto de tu vida" – Christian Nodal, TINI

"Making Love Out of Nothing at All" – Air Supply

De ser Aliado a ser Incondicional

"La gloria de la creación reside en su infinita diversidad y en la forma cómo nuestras diferencias se combinan para crear significado y belleza." – Spock y Kirk

Crecí en una familia católica en México, rodeada de un paradigma social alimentado de creencias homogéneas y donde existía una expectativa manifiesta de conformidad y adherencia a los mismos ideales, rituales y tradiciones. Como has leído en este libro, estoy a favor de los rituales y las tradiciones, siempre y cuando se crea en la esencia de lo que representan y sean congruentes con la forma de vivir propia. No soy partidario de seguir simplemente lo que dicen los demás ya sea por inercia, o por presión social de algún grupo. Creo en la importancia de entender el sentido de las cosas y ejercer el derecho a elegir cómo comportarse y qué apoyar de acuerdo con valores personales.

También creo que los valores personales se forjan mediante la combinación de lo que aprendemos del ejemplo que recibimos de los modelos a seguir a los que tenemos acceso, como nuestros padres, familiares, mentores y otras personas que nos influyen con su comportamiento, y también, de manera muy importante, mediante las experiencias que vivimos. Si bien nuestra esencia básica como personas se define durante los primeros años de vida, se puede moldear ampliando nuestra visión del mundo, saliendo de nuestra zona de confort, aprendiendo lo que desconocemos, viendo lo que nunca hemos visto, dudando y cuestionando quiénes somos y rodeándonos de personas completamente diferentes a nosotros. Aprendes a aceptar a los demás como son, y en el proceso, también a aceptar la persona en la que te estás convirtiendo.

Desde que tenía unos 5 años, tenía un amigo vecino cuya familia era de Japón. Sus padres emigraron de Japón, y él era

Mexicano de primera generación. Su familia hablaba japonés en casa y seguían todas las tradiciones japonesas. Recuerdo ir a su casa de pequeño y quedar fascinado con toda la experiencia. Tenía que quitarme los zapatos y dejarlos afuera; los muebles eran minimalistas, uno podía sentarse en el suelo para tomar el té y jugar; todo estaba limpio, perfectamente ordenado y la decoración de cada habitación era completamente diferente a lo que estaba acostumbrado. Allí fue donde probé por primera vez auténtica comida japonesa, hecha en casa y se convirtió en una de mis favoritas para siempre. Desde entonces, empecé a pensar en cómo sería viajar a Japón para aprender más sobre la cultura y la gente. Cuando estaba en la preparatoria, mi amigo y yo hablamos de conseguir una beca para ir a estudiar juntos a Japón durante un año. Al final decidí no seguir adelante con esa idea, pero las conversaciones provocaron un cambio en mí, despertaron mis ganas de ir a vivir al extranjero, de viajar por el mundo y tener experiencias con otras culturas.

Creo que fue este deseo lo que inconscientemente me atrajo a una empresa que ofrecía una carrera internacional y durante treinta y cuatro años he tenido la oportunidad de vivir y trabajar en cuatro países diferentes, viajar a más de cuarenta países en todo el mundo y relacionarme con personas de todos los ámbitos. Estas experiencias, junto con mi carrera profesional en Recursos Humanos, sin duda han ampliado mi visión del mundo y de las personas, y han moldeado mis valores personales.

Ha sido un verdadero privilegio aprender tanto de los demás y también capacitarme para aceptar, abrazar y valorar las diferencias de otros seres humanos, ya que son precisamente esas diferencias las que hacen de una familia, una empresa, una compañía y nuestra sociedad un mejor lugar para vivir. Al honrar la individualidad y las contribuciones únicas de cada uno, y reconocer nuestra esencia y lo que nos une en lo que importa, es como las personas, las empresas y nuestras comunidades pueden prosperar.

Uno de los cursos que más he valorado está relacionado con Diversidad, Igualdad e Inclusión, donde un concepto clave es cómo ser un buen "aliado(a)" para quienes se sienten excluidos, o se sienten como una minoría. Un buen aliado(a) es quien se esfuerza por aprender y educarse sobre las necesidades de los demás, escuchando más que hablando y estando abierto(a) a aceptar retroalimentación sobre sus propias ideas y prejuicios incorrectos. Es alguien que pregunta cuando no entiende algo en lugar de juzgar o asumir que su propio modelo mental y percepciones son ciertas. Los aliados también reflexionan sobre sus propios privilegios, para comprender que las cosas que dan por sentado no necesariamente han sido accesibles para todos y, al hacerlo, se involucran y actúan para marcar la diferencia en su propio comportamiento e impulsar el cambio.

No solo he aprendido esto bien, sino que también lo he enseñado en programas de desarrollo de liderazgo. Tuve la oportunidad de apoyar, entrenar y participar en muchas situaciones donde las personas no se sentían incluidas ni valoradas por quienes eran, y les ayudé junto con sus gerentes a encontrar una solución. Sentí que había marcado la diferencia como un aliado informado, comprensivo y que siempre ofrecía apoyo.

Algo que la vida me ha enseñado es que no basta con ser un aliado para lograr la transformación que nuestra sociedad necesita. Creo que debemos elevar nuestro compromiso y pasar de ser aliados a ser agentes de cambio totalmente incondicionales. ¿Qué significa ser totalmente incondicional? Necesitas hacerlo personal, convertirlo en tu causa y vivirlo en tu propia vida, las 24 horas del día, los 7 días de la semana, en cada relación y conversación que tengas, para que se convierta en una parte fundamental de tus creencias, de quién eres. No basta con ser comprensivo, participar en actividades, ser voluntario y hacer otras cosas más, si al terminar la actividad, el entrenamiento, el rally, y volver a tu vida normal, te quitas el sombrero de aliado(a) y vuelves a experimentar una realidad diferente en tu vida.

Aprendí esta lección hace varios años, cuando las cosas se volvieron mucho más personales y sucedieron en mi propia familia. El primer ejemplo es mi opinión sobre los tatuajes. Debo admitir que no soy fan; para ser más preciso, me disgusta el concepto. No es algo religioso, simplemente no me sienta bien la idea de hacerse cicatrices permanentes, sin importar el hermoso diseño o el significado personal que se le pueda atribuir. Al crecer en un grupo social muy homogéneo, el concepto de tener tatuajes me era completamente ajeno. De hecho, solo lo conocía viendo películas, como algo que los "malos de la historia" solían hacer. Al salir al mundo, viajar, vivir en diferentes países e interactuar con muchas culturas, me convertí en un aliado en cuanto a tatuajes se refiere, pasando de un rechazo total a la idea a aceptar y comprender por qué la gente lo hace. Y cuando mis tres hijos decidieron hacérselos, supe que era algo muy personal y que se convertiría en una constante en nuestras interacciones familiares. Aunque al principio me pareció extraño y les expliqué las muchas razones por las que creía que no era buena idea, al final me di cuenta de que era algo realmente importante para ellos, que eligieron hacer conscientemente, siendo adultos, con un significado claro, así que decidí aceptarlo. Aprendí a respetar sus decisiones personales e hice mi propia paz interna con ello. Mientras escribo estas palabras y reflexiono sobre mi opinión sobre los tatuajes, y creo que en este tema todavía sigo siendo un aliado, no estoy totalmente comprometido ni soy un agente de cambio incondicional, pero estoy progresando.

El segundo ejemplo, y el más transformador, fue cuando hace unos años mi hijo Fernando me confesó que es gay. Por mi parte, sentí que no hubo preámbulo para esta conversación. Un día, sintió la necesidad de decírnoslo, pues ya salía con alguien y quería que lo supiéramos directamente por él, en lugar de enterarnos por otras personas o a través de ver alguna historia en redes sociales. Recuerdo el momento en que lo compartió conmigo, contándome sobre un chico que le gustaba y cómo lo conoció. Yo le pregunté si era reciente, si aún estaba descubriendo su sexualidad o si era algo que sabía desde hacía tiempo y que tenía certeza. Sentí el peso e importancia de lo que me contaba en el tono de su voz y sus palabras.

Cuando confirmó que así ha sido siempre y como había sido su proceso de descubrimiento desde muy pequeño, en algún lugar de mi corazón y de mi cabeza, un interruptor de "apoyo totalmente incondicional" se activó instantánea y permanentemente en mi ser. Sabía que esta conversación tendría un impacto significativo en la vida de mi hijo, en nuestra relación como padre e hijo, en nuestra vida familiar, con nuestras familias extendidas y con todos nuestros seres queridos. En ese momento, lo único que pude sentir fue amor incondicional y eso fue lo que le expresé diciendo: "Te amo, hijo mío, gracias por decírmelo directamente. Todo lo que quiero para ti es que tengas una vida plena donde puedas ser quien eres, florecer en cada área de tu vida y tener y todo lo que te hace feliz. Quiero que no te límites de ninguna manera, y también quiero que siempre estés protegido de cualquier peligro que pueda presentarse en tu camino. Quiero que sepas que puedes contar conmigo para estar siempre a tu lado".

Tuvo la misma conversación con mi esposa y sus hermanos, y ver cómo cada uno de nosotros respondió con puro amor y apoyo ha sido una de las experiencias más hermosas que hemos vivido como familia. Luego empezamos a hablar de cómo quería compartir esto con la familia extendida y los amigos, y así comenzó nuestro viaje de apoyo incondicional total.

Conforme hemos ido avanzando, hemos tenido nuestras dosis de autodescubrimiento en familia e individualmente, con un aprendizaje significativo y una reflexión sobre cómo habían sido nuestras vidas desde el comienzo. Por ejemplo, yo he reflexionado mucho sobre lo que pude haber dicho o dejé de decir por años antes de recibir esta noticia, cómo pude haber hecho sentir a mi hijo en cualquier situación del pasado con mis palabras y acciones u omisiones y qué podría haber hecho de otra manera para llevarlo a que nos compartiera esto mucho antes y se sintiera seguro y apoyado. También hemos tenido nuestra ración de realidad, al ver a diario lo que sucede a nuestro alrededor, tanto en el entorno social como políticamente.

Si bien no siempre ha sido fácil habilitar a otros para que avancen en este tema dadas las expectativas de su propia crianza cultural, la ignorancia, las creencias limitantes y las microagresiones socialmente arraigadas que incluso nuestros amigos y familiares cercanos estaban acostumbrados a mantener o a participar, cuando decides comprometerte por completo y ser totalmente incondicional, desde ese momento el camino sobre cómo comportarte y qué hacer con ellos y con cualquier persona se vuelve increíblemente claro a cada paso. La decisión de amar y apoyar a tu hijo tal como es se convierte en lo único que importa, y es lo que prevalece en cada situación, en cada conversación y en cada circunstancia.

Un regalo muy importante y hermoso que nuestro hijo Fernando nos ha dado a toda la familia al ser el primero en salir y compartir esto, es que ha abierto para siempre una puerta para que otros miembros de la familia puedan hacer lo mismo si es su caso. Se ha convertido en un ejemplo a seguir. Esto es invaluable, ya que lo ha normalizado y les ha dado la oportunidad de seguir sus pasos. Estaré eternamente agradecido a mi hijo por esto.

Mi evolución de ser un aliado hacia convertirme en un agente de cambio incondicional, totalmente comprometido con lo que realmente importa y con todas las personas que encuentro en mi camino, continúa como un esfuerzo de toda la vida. Cada día me siento mejor preparado que el día anterior, pues sigo aprendiendo más sobre los demás y, lo que es más importante, aprendo más sobre mí mismo al seguir explorando y saliendo de mi zona de confort en todos los aspectos, buscando el progreso, no la perfección. Así que supongo que seguiré batallando un poco más con la idea de que mis seres queridos se tatúen, pero sé que con el tiempo lo lograré.

Ideas Clave:

Aprende a apreciar a quienes son completamente diferentes a ti. Sal, viaja, conoce otras culturas y personas. Sé curioso, indaga, invita, busca entender y pide retroalimentación sobre tus propios sesgos y puntos ciegos.

No basta con ser un aliado; hay que comprometerse y ser un agente de cambio incondicional, 24/7 y apoyar a todos por quienes son. No hay medias tintas. Tus acciones hablarán mucho más que tus palabras.

Deja que tus hijos te enseñen y te muestren el camino. El mundo en el que crecimos ha evolucionado; lo que no se compartía abiertamente en nuestros días, ahora sí se comparte. Nuestros hijos saben mucho más que nosotros, de forma muy similar a cómo un niño interactúa intuitivamente con la tecnología. Ellos han crecido en un mundo donde no solo es más aceptado hablar de las diferencias, sino que también lo esperan, pues lo viven a diario. Mi esposa y yo hemos aprendido mucho de nuestros hijos, pues hemos visto cómo se integran e interactúan con todos de forma natural. Cuando tengas una pregunta, además de investigar por tu cuenta, pregúntale y conversa con tus hijos, escucha sus consejos, aprenderás mucho.

Deja que tu amor incondicional sea tu guía en cada paso.

Canción:

"Malibu" – Miley Cyrus

Haz lo que amas, Ama lo que haces

"Si amas lo que haces, no trabajarás ni un solo día de tu vida."
- Confucio

La respuesta a la típica pregunta de la infancia: "¿Qué quieres ser cuando seas grande?" definitivamente ha cambiado mucho desde que se la preguntaron a mis padres cuando eran niños, a cuando me la preguntaron mis padres, y a cuando mi esposa y yo se la hemos preguntado a nuestros propios hijos.

En la generación de nuestros padres, las opciones de carreras profesionales se centraban generalmente en algunos campos que eran los más reconocidos: médico, ingeniero, arquitecto, abogado, artista y algunas otras. En nuestra generación, las cosas se volvieron más interesantes con una mayor variedad de posibles carreras profesionales. Mi primer recuerdo de lo que quería ser al crecer, tenía que ver con el deporte. Jugué al fútbol literalmente todos los días de mi vida desde los 4 años hasta que entré en la universidad. Mi madre me cuenta que la primera respuesta que di a esta pregunta fue que quería ser futbolista profesional. Durante mis años escolares, me di cuenta de que se me daban muy bien las matemáticas y las ciencias, y que también me encantaba el aspecto humano de trabajar en equipo y la importancia de servir a los demás. Cuando llegó el momento de elegir una profesión, tuve la oportunidad de escoger dedicarme a ser futbolista profesional, pero decidí no tomar ese camino. Creía que el riesgo de centrarme solo en el deporte sin un título universitario no era la mejor opción, ya que una lesión podría acabar con una carrera deportiva prematuramente. Tampoco elegí intentar hacer deporte de manera profesional y obtener un título universitario al mismo tiempo. Por lo que, a pesar de ser mi primera aspiración de la infancia, elegí el camino más seguro de obtener un título universitario y dejar el deporte como pasatiempo.

Reduje las opciones de carrera universitaria a tres: Ingeniería Industrial, Psicología y Educación. Aunque mi mayor interés estaba en Psicología o Educación, opté por Ingeniería Industrial porque consideré que era la carrera con mayor empleabilidad, con mayor probabilidad de ascenso profesional y mayores ingresos, lo cual, según había aprendido hasta ese momento, se consideraba una carrera con mayores posibilidades de éxito profesional.

Me gradué de Ingeniería Industrial con muy buen resultado y en efecto, esto me brindó la oportunidad de ser contratado por una empresa internacional que buscaba jóvenes talentos para la puesta en marcha de una nueva planta de manufactura en la Ciudad de México. Desde mi primer puesto en esta planta, gravité hacia el trabajo con equipos de gente y me interesé por resolver los problemas laborales y de la vida personal de los empleados, contribuyendo a mejorar la empresa a través de facilitar el éxito de las personas.

Me di cuenta de que esto me daba mucha más satisfacción que trabajar con cualquier sistema de producción como Ingeniero Industrial. Para mi buena fortuna, la empresa también lo visualizó y consideró valioso desarrollarme en esta área, hasta el punto de ofrecerme la oportunidad de aprender y crecer profesionalmente como líder de recursos humanos, lo que hice durante la mayor parte de mis casi 34 años en la empresa. En esta carrera, me di cuenta de que lo que más disfrutaba era enseñar a otros, ser coach, mentor y trabajar con equipos de personas, que eran precisamente las mismas cosas que quería hacer cuando consideré estudiar Psicología o Educación, así que terminé dando un giro completo, volviendo a mi pasión y vocación inicial, a lo que estaba destinado a ser desde el principio.

Cuento esta historia por dos razones: 1) Para reflexionar sobre la importancia de encontrar lo que amamos hacer como parte clave de la decisión de dónde queremos enfocar nuestros esfuerzos profesionales y perseguirlo sin dudarlo, y 2) Para saber que está perfectamente bien cambiar, tantas veces como sea necesario, hasta encontrar la manera de dedicarte a hacer lo que amas para vivir.

Para la generación de nuestros jóvenes, las cosas se han vuelto mucho más complejas. No solo se ha disparado exponencialmente la cantidad, la variedad y el tipo de títulos universitarios, sino que también la idea de ser emprendedor, influenciador en redes sociales, contratista independiente de la economía colaborativa (en inglés: "freelance"), programador, científico de datos, jugador profesional de video juegos (en inglés: videogamer) y muchas otras variantes de opciones a considerar. Para muchas de estas alternativas profesionales, se necesita un título universitario, y para muchas otras, tener un talento especial, autodisciplina y una infraestructura básica digital es todo lo que se necesita para empezar.

Empezamos a tener esta conversación con nuestros hijos más en serio cuando entraron a la educación secundaria. Nuestra intención era ayudarlos lo antes posible a descubrir lo que más les apasionaba y que a la vez tenían talento y habilidad para ello. Esto con la idea de que pudieran elegir dedicarse a hacer algo que aman y vivir una vida feliz y plena, y pudiéramos centrarnos en brindarles el apoyo necesario para que pudieran afinar sus decisiones.

Un ejemplo es que les dimos a cada uno la oportunidad de invertir una semana al final de su segundo año de preparatoria en un campamento de orientación profesional en una universidad que ofrecía la carrera que más les interesaba. Estas son sus historias:

Desde muy pequeña, nuestra hija Andrea descubrió su amor por la música, el canto y la interpretación. Tras verla actuar en todas las obras escolares a través de los años, cuando cursaba segundo de bachillerato, nos dijo que quería dedicarse al teatro musical toda su vida. Así que se fue a un campamento de verano de actuación y teatro en Nueva York. De ahí, reafirmó su convicción y dedicó el resto de sus años de bachillerato a prepararse para ser aceptada en una escuela de artes escénicas en Boston. Incluso consiguió una beca para el programa de honores y disfrutó muchísimo de sus años universitarios. En su último semestre, la escuela le ofreció la opción de terminar sus estudios en su campus de Los Ángeles para estar mucho más cerca de la industria de la actuación y de las oportunidades laborales. Decidió dedicarse a ser actriz al terminar la universidad. Tras trabajar varios meses en una agencia de casting y probar suerte en las audiciones como actriz, se dio cuenta de que no era lo que la hacía feliz. Decidió tomarse un descanso y se ofreció como voluntaria para ser maestra de música en una maravillosa escuela infantil que atendía por lo general a minorías en un barrio diverso de Los Ángeles. A partir de ahí, descubrió su pasión por la educación y se convirtió en una de las mejores maestras de la escuela. Sin embargo, la falta de un título en educación la limitó, por lo que decidió cursar una maestría en educación. A lo largo de este camino, continuó creando música, cantando y actuando. Esto reafirmó su pasión y habilidades como artista, compartiendo su talento y contando historias a través de su música en el escenario y en las redes sociales. Al mismo tiempo, enseñaba a niños con su estilo muy particular, integrando la música y la actuación para ayudarles a desarrollar la confianza en sí mismos, la conciencia social y el desarrollo personal. Hoy en día, se dedica a desarrollar su talento musical y su portafolio de canciones, videos y contenido digital, actuando con su banda llamada "Jack Rabbit" siempre que puede y lanzando nueva música y videos constantemente. En paralelo, produce y desarrolla su programa educativo digital para niños pequeños, para poder ofrecerlo a diferentes clientes potenciales (escuelas, redes sociales y organizaciones sin fines de lucro).

Nuestro hijo Fernando también creía saber desde muy joven (alrededor de los 11 o 12 años), qué quería ser al crecer. Decidió que quería ser arquitecto y estaba bastante seguro de que había nacido para eso. Fue a un campamento de arquitectura en Pensilvania y confirmó que era su carrera elegida. Se esforzó mucho el resto de sus años de preparatoria y además obtuvo una beca para estudiar arquitectura en varias universidades. Al completar el primer año universitario en arquitectura con muy buenas calificaciones académicas, se dio cuenta de que no era su pasión. Nos preguntó si podía cambiar de carrera. El mensaje que le compartimos fue que siempre es mucho mejor saber qué quieres ser realmente y cambiar lo antes posible, en lugar de continuar por un camino que sabe que no lo hará sentir realizado profesional y personalmente, y muchos años después, decidir cambiar por frustraciones e infelicidad. Se dio cuenta de que lo que más le atraía de la arquitectura eran las habilidades de diseño. Así que decidió cambiarse a estudiar Relaciones Públicas con una especialización en Comunicación y Diseño y otra en Emprendimiento, que se alineaba mejor a sus habilidades y preferencias. Sus áreas de especialización le permitieron trabajar en una serie de compañías que ofrecen contenido y programación de entretenimiento digital (en inglés: streaming services), trabajando para empresas como Netflix, HBO, Roku y actualmente en Apple.

Nuestro hijo menor, Rodrigo, decidió que quería ser agente representante de deportistas y empresario. Así que se fue a un campamento de administración de empresas en Nueva York. Confirmó su pasión por los negocios junto con su continuo deseo de especializarse en gestión deportiva. Trabajó duro durante el resto de sus años de preparatoria y también recibió varias ofertas de becas. Finalmente, decidió ir a la misma escuela que su hermano y a la misma ciudad que su hermana, ingresando al programa de Administración de Empresas. A medida que su carrera se desarrollaba, decidió no especializarse en gestión deportiva, pero mantuvo viva su pasión por los deportes con un fuerte deseo de convertirse en emprendedor. Al terminar sus estudios universitarios, consiguió un trabajo en una empresa de análisis de datos financieros, llamada FICO (Fair Isaac Corporation), donde trabaja en marketing digital. Paralelamente, redescubrió otra pasión que tenía desde muy joven relacionada con el diseño y las marcas de ropa. Esto, sumado a su creciente aspiración de emprender, lo impulsó a fundar, junto con sus amigos más cercanos de la escuela, un negocio boutique de ropa con diseños artísticos llamado: "Kayzen Eyes (KZ)™", donde, entre otras cosas, puede dedicarse al diseño creativo y al desarrollo de marcas y comercialización. Interactúan con influenciadores de redes sociales y contactan con deportistas y músicos, mientras que al mismo tiempo continúa trabajando en la empresa tecnológica, que le ofrece gran flexibilidad y desarrollo profesional.

Cuando vemos lo que hacen nuestros tres hijos, nos sentimos

muy orgullosos de sus decisiones porque han escogido hacer cosas que aman y en las que tienen talento. Y han tenido el valor de decidir ajustar y cambiar su rumbo desde el principio o lo más rápido posible para perseguir sus pasiones en la vida en forma responsable y comprometida.

Con la influencia y el acceso cada vez mayor de la Inteligencia Artificial y la tecnología a prácticamente todos los campos profesionales, las cosas seguirán evolucionando rápidamente. Como padre de familia, solo puedo imaginar cómo cambiarán las cosas y lo crucial que seguirá siendo mantenernos involucrados e informados para estar listos para apoyar a nuestros hijos mientras deciden qué hacer con sus vidas. En cualquier caso, creo firmemente que podemos hablar más con nuestros hijos sobre cómo encontrar el sentido de sus vidas, su propósito, y descubrir sus pasiones y sus talentos. Encontrar esas cosas que les hacen querer despertarse por la mañana y hacerlas una y otra vez porque le da felicidad, porque se sienten vivos, porque son buenos en ellas y se ven haciendo una gran diferencia en el mundo, conectando con un propósito superior para sus vidas, incluso si no les pagaran por hacerlo. Con esto en mente, podemos ayudarlos a estar más preparados para decidir qué hacer, a intentarlo con todo su corazón y, si al final no es lo que aman, a encontrar el valor para cambiar cuando lo necesiten para que puedan vivir una vida feliz, plena y próspera.

Es como me decía mi madre en mis años de formación, cuando hablábamos de lo que yo quería ser de grande y ella siempre me respondía: "Estaré de acuerdo con lo que elijas, siempre y cuando te guste y te conviertas en el mejor haciéndolo. Si decides barrer calles o recoger basura para vivir, quiero verte haciéndolo con excelencia, con orgullo, sonriendo, cantando y saludando a la gente por el camino".

Creo que la satisfacción laboral no depende de la tarea realizada, sino del impacto que tiene en nosotros mismos y en los demás. Un claro ejemplo para describir esto es la imagen de los limpiadores de ventanas en diferentes hospitales infantiles, donde se disfrazan de superhéroes e interactúan con los niños hospitalizados para hacerles sonreír y alegrarles el día. Limpiar las ventanas no es lo más importante, sino la sonrisa y la emoción y entusiasmo de los niños al verlos lo que da más satisfacción a todos los involucrados en esa tarea. Creo que todos podemos encontrarle sentido a nuestra jornada laboral si encontramos la manera de conectarla con un propósito superior.

Ideas Clave:

La satisfacción laboral no depende sólo de la tarea realizada o del campo profesional elegido, sino del impacto que tiene lo que hacemos en la vida de otras personas.

La única expectativa de los padres que realmente vale con respecto a la carrera o profesión elegida por sus hijos, es que encuentren algo que les guste hacer a diario, que los haga felices, que esté alineado con su propósito de vida, y que sean talentosos al hacerlo, para que puedan mantenerse económicamente y vivir una vida independiente gracias a ello.

Cancion:

"Good Job" – Alicia Keys

Lazos

"Familia (sustantivo): Un círculo de fortaleza con lazos inquebrantables. Las personas por las que vives, con las que te ríes y a las que más amas."

Hablar de lazos es recordar que las familias son para toda la vida. No son una convención social meramente temporal, cuyo propósito sería preparar a los hijos para partir y luego mantener contactos esporádicos con ellos. Por el contrario, la familia es la relación más esencial que todos podemos disfrutar desde que nacemos hasta que dejamos este planeta para siempre.

Para los hijos adultos, la etapa de lazos, significa un crecimiento continuo y acelerado hacia su plena autonomía e independencia, con una maravillosa oportunidad de continuar su interdependencia y el apoyo de quienes más los quieren. El lazo de amor familiar que los une puede extenderse tanto como lo necesiten. Si bien se han ido, no se han ido del todo ni se han separado del lugar al que pertenecen.

Cuando pienso en esta etapa para los padres, significa redescubrir una hermosa oportunidad de seguir viviendo con una mentalidad de "vaso lleno" (en lugar de "nido vacío"). De apreciar y honrar las etapas de raíces y alas, y de entrar con amor y confianza en la etapa de los lazos familiares para toda la vida.

Tener una familia compuesta por adultos conlleva nuevos desafíos, como horarios complejos, exigencias laborales, amigos que cuidar, vivir en lugares diferentes y muchas otras fuerzas que pueden llevar a la familia por caminos separados. Se trata de seguir estando presentes en la vida del otro, sabiendo que, en esta etapa, la iniciativa de reunirse puede ser una vía de doble sentido. Si extrañas a alguien, llámale; si quieres ver a alguien, visítale; si necesitas ayuda, pídela. Si quieres decir algo, dilo. Olvídate de los límites y las dudas autoimpuestas. Simplemente hazlo.

En esta última sección del libro, comparto algunas historias sobre nuestras creencias, rituales y acciones que realizamos intencionalmente para mantener vivos esos preciados lazos familiares. Desde mirar en retrospectiva el momento cuando se van de casa, hasta las tradiciones que mantenemos y las decisiones que hemos tomado como familia para mantenernos cerca y en contacto con regularidad durante esta etapa.

Como familia, nos encontramos en esta etapa de la vida y es un fascinante aprendizaje diario. No siempre acertamos, pero sin duda nos esforzamos por tomar buenas decisiones con amor y cariño mutuo. Como dice el dicho: «Puede que no lo tengamos todo junto, pero juntos lo tenemos todo».

Canción:

"Better Together" – Jack Johnson

Salirse de la casa, sin mudarse

"Te amaré por siempre, me gustarás por siempre,
y mientras yo viva, mi bebé serás." – Robert Munsch

Me parece bastante interesante la forma en que las diferentes culturas abordan el momento en que los hijos alcanzan la edad apropiada para ser considerados adultos. En Estados Unidos, cumplir 18 años legalmente te permite ser considerado adulto. Puedes vivir solo, votar, casarte, tener un arma, pero no puedes beber alcohol ni alquilar un coche. Si vives en México, puedes hacer prácticamente todo lo anterior, estés preparado o no.

Más allá de lo que dicta la ley, las expectativas culturales y sociales traen otros factores a considerar. Por ejemplo, en México, es una expectativa general implícita, que las familias con hijos adultos sigan viviendo en la misma casa durante sus años universitarios y después, y que, en la mayoría de los casos, solo se marchen al casarse (si deciden contraer matrimonio). La transición a la adultez es más lenta, dada la protección y la comodidad que, en muchos sentidos, tanto hijos como padres deciden prolongar tanto como sea posible. Desde la presencia y el apoyo diario de la familia hasta la disponibilidad de tener alimentos, acceso a servicios y, sobre todo, la estabilidad de las rutinas y las relaciones, los hijos siguen disfrutando de estar en el nido por un tiempo más. Esto tiene su precio: que los hijos sigan respetando los límites y las normas familiares, sabiendo que deben adaptar su libertad de jóvenes adultos a estas costumbres familiares. Esto tiene que ver con los horarios y permisos de llegada, lo que pueden hacer, las actividades a las que se unen y, por supuesto, la expectativa de seguir asistiendo a todos los eventos familiares y sociales.

En Estados Unidos, la expectativa social implícita es que los jóvenes se muden fuera de casa al momento de ir a la universidad (o al terminar los estudios de preparatoria si deciden no ir a la universidad). Con esto en mente, los adolescentes empiezan a trabajar durante los veranos y algunas veces por las tardes desde la secundaria para prepararse al máximo, no solo con un trabajo para ganar dinero, sino también para aprender ética laboral y todo lo que implica la responsabilidad de ser empleado, aprender nuevas habilidades e interactuar con los demás. Además, las universidades están diseñadas para recibir a estudiantes con opciones de alojamiento y alimentación, y en muchos casos, es obligatorio que vivan en el campus al menos el primer año. En cierto modo, se supone que es una etapa para experimentar y aprender a ser más independientes, lejos de sus padres, en un entorno "controlado". La idea es tener más libertad, dentro de ciertos límites predeterminados, teniendo clara responsabilidad por su desarrollo académico y profesional.

El enfoque de los padres tiene diferentes puntos de vista al respecto. En Estados Unidos, me parece que, en general, muchos padres creen que su trabajo está prácticamente completo para cuando sus hijos van a la universidad. Los hijos se mudan y en muchos casos, los padres optan por remodelar la casa incluyendo hacer cambios a la habitación vacía o hasta inclusive mudarse a una casa más pequeña. Otros padres conservan la habitación intacta durante un tiempo, pero no necesariamente con la expectativa de que sus hijos regresen o vivan allí. Es más bien como un recuerdo y para recibirlos como visitas en ocasiones especiales. Algunos padres brindan apoyo financiero para la educación universitaria, aunque no siempre es así y, con frecuencia, se escucha que los hijos deben pagar el costo total de sus estudios universitarios además de todos los gastos de manutención por sí mismos. A través de los ojos de algunos padres, los consideran adultos plenamente desarrollados en el momento en que se van de casa para ir a la universidad, y necesitan cuidar de sí mismos en todos los sentidos.

Habiendo nuestros tres hijos ya completado esta etapa, puedo decir que creamos nuestro propio enfoque que incorporó lo mejor de ambos mundos:

De la cultura mexicana, decidimos preservar el valor de que nuestros hijos sintieran que no se habían mudado en forma permanente durante la universidad. Sabían que su hogar seguía siendo el mismo, y en cierto modo, era como si hubieran ido a estudiar al extranjero temporalmente. Su habitación, su ropa y su sentido de pertenencia al hogar seguían siendo los mismos. Para las vacaciones de primavera (en inglés "spring break"), las vacaciones largas de verano entre semestres, y en cualquier día festivo o tiempo libre, siempre sabían que podían regresar a casa, no solo de visita, sino para realmente regresar a su casa. Queríamos que sintieran que su hogar es un lugar al que regresan para reconectar con quienes son, donde pueden recargar energías, centrarse, descansar y recuperar la fuerza que necesitaban para volver a irse.

De la cultura estadounidense, decidimos preservar el valor de estar preparados para asumir responsabilidades adultas desde una edad temprana. Los ayudamos a prepararse consiguiendo empleos lo antes posible, durante la adolescencia, para que ganaran dinero, aprendieran a usarlo, tuvieran una cuenta bancaria, pagaran algunas de sus cosas, como sus salidas con amigos y sus novias/novios, y para que comprendieran el costo y el valor de las cosas. Por mucho que creyéramos haberlos preparado para esto, aún sentíamos cierta inquietud cuando llegó el momento de que salieran por un tiempo prolongado a esa temprana edad, según nuestras propias perspectivas y educación. No fue fácil, pero lo logramos.

Todos nuestros hijos fueron a la universidad fuera del estado. Vivimos en Ohio, y ellos fueron a Boston y Los Ángeles a estudiar. Durante sus años universitarios, siempre regresaban a casa. No hablamos ni una sola vez de que se "mudaran". Hasta el día de hoy, siempre que vienen, se sienten como en casa, nunca como visitantes. Por otro lado, viven en otro lugar y han aprendido a hacerse cargo de sus propios gastos y de todas sus responsabilidades.

Nuestra intención era crear una transición gradual, buscando un buen equilibrio entre darles la mayor libertad que fuera posible con la mayor responsabilidad que fuera necesaria. Y, lo más importante, brindarles un lazo de amor muy fuerte con su hogar, con sus raíces, con un sentido de pertenencia a la familia que trascendiera las fronteras y costumbres de ambas culturas.

Ideas Clave:

A medida que los hijos crecen y se van a la universidad, el apoyo familiar se vuelve aún más importante. Este es un período de prueba, aprendizaje y experimentación, donde poder hablar de las cosas y volver a casa periódicamente es de gran valor para sus vidas.

Tener libertad y autonomía no está en conflicto con seguir disfrutando del amor y el cuidado de quienes más los quieren.

Canciones:

"My Wish" – Rascal Flatts
"Never Grow Up" – Taylor Swift

¡Oh! los lugares a los que vamos

"¡Vas a ir a lugares increíbles! ¡Hoy es tu día! Tu montaña te espera, así que... ¡Ponte en marcha!" – Dr. Seuss

De todas las cosas que elegimos hacer en familia, creo que viajar juntos es lo más gratificante. Supongo que la pasión por viajar nos atrapó desde muy temprano en nuestra vida familiar, en parte por todos los viajes que tuvimos que hacer por la mudanza a diferentes países debido a mi trabajo.

Nuestro hijo Rodrigo ostenta el récord de tener su pasaporte a la edad más joven, precisamente cuando tenía una semana de haber nacido. Recuerdo que cuando fuimos a la oficina de pasaportes, no podíamos tomarle una foto bien, ya que era casi imposible captarlo con sus ojos abiertos o evitar que se viera mi mano o mis dedos sosteniéndole la cabeza. Necesitábamos hacerlo porque nos mudamos de la Ciudad de México a Phoenix, Arizona, cuando él tenía unos 45 días de vida. Para cuando cumplió dos años, probablemente tenía más millas aéreas de viajero frecuente que yo pude haber juntado en mis primeros 25 años de vida. Tengo este recuerdo de Rodrigo, probablemente con menos de dos años, cruzando el detector de metales del aeropuerto y, sin que nadie dijera nada, se erguía, extendía ambos brazos, abría las piernas y miraba al agente de la TSA, esperando a ser escaneado con el detector de metales portátil. ¡Era adorable!

La verdad es que nuestros tres hijos se convirtieron en viajeros expertos desde pequeños. En cada viaje, nos propusimos desarrollar sus habilidades para viajar por el mundo. Siempre llevaban su propio mini equipaje (mochilas, equipaje de mano); les dábamos su pasaporte en el mostrador de la aerolínea y ellos se lo entregaban al agente en turno. Hacíamos que se quedaran junto al mostrador y pusieran atención para ver cómo se hacían las cosas, escuchar las preguntas y, con el tiempo, aprender a rellenar los formularios de viaje necesarios. Subían su equipaje a la báscula y, una vez que teníamos las tarjetas de embarque, les enseñábamos a encontrar el número de vuelo y les pedíamos que encontraran la puerta de embarque en los monitores del aeropuerto. Aprendieron a pasar por los controles de seguridad del aeropuerto solos, a buscar su equipaje e incluso a estar al pendiente del equipaje de sus hermanos. Una vez que encontraban la puerta de embarque en los monitores, les pedíamos que nos guiaran. Se turnaban para guiar a la familia para que pudiéramos llegar a donde necesitábamos. Hacíamos lo mismo en las estaciones de tren, en las de autobuses, en los parques de atracciones o en cualquier otro lugar donde tuviéramos que encontrar el camino para llegar a algún destino.

Desde que eran preadolescentes, siempre que hacíamos un viaje familiar, les pedíamos que investigaran el destino y pensaran en ideas de actividades para la familia, incluyendo no solo actividades divertidas, sino también culturales como museos, galerías y lugares históricos. En algunos viajes, incluso les pedíamos que planificaran un día completo, considerando las actividades, calculando el costo e incluso pensando en la logística. Ya en el lugar, uno de ellos hacía de guía turístico familiar para explicar cómo llegar y realizar la actividad.

Ahora, de adultos, mantenemos la tradición familiar de viajar juntos. De hecho, esto es algo que aprendimos de la familia de mi esposa. Ella tiene seis hermanos, y sus padres tienen la tradición de hacer un gran viaje cada dos años, al que van todos los hermanos, y lo han hecho desde que los conozco (más de 30 años ya), incluyendo a sus parejas. Esto se ha convertido en algo que todos esperan con ilusión y es uno de los momentos más importantes del año para los padres de mi esposa. Con las vidas ajetreadas que tenemos y las múltiples exigencias de nuestro tiempo, el hecho de que cada uno de sus hijos adultos priorice reunirse y compartir una experiencia con sus padres y hermanos es algo muy especial y sigue fortaleciendo el lazo de amor familiar al estar presentes en la vida de los demás.

Mi esposa y yo decidimos extender esta tradición a nuestra familia. Cada dos años hacemos un gran viaje con nuestros hijos adultos. Dada la complejidad de nuestras agendas, lo planificamos con mucha antelación. Y la diversión y la oportunidad de disfrutar empiezan desde la primera conversación sobre el próximo viaje familiar. Nos reunimos para hablar de horarios, posibles destinos, dificultades que tienen para liberarse del trabajo y para conciliar otros eventos importantes en sus vidas. Al planificar el viaje, también aprendemos y conversamos sobre todo eso y es una buena forma de conocer más sobre lo que está pasando en su día a día.

Me resultó muy interesante descubrir que esto es precisamente lo que Disney invita a las familias a hacer para disfrutar de una experiencia maravillosa en sus parques de diversiones. Hace unos años, tuve la oportunidad de visitar Silicon Valley y aprender de la empresa argentina Globant, que ayudó a Disney a desarrollar su concepto inicial de la "pulsera mágica". Además de la brillantez de la tecnología de aquel momento, los algoritmos y toda la codificación y los datos que utilizaban, centramos nuestro aprendizaje en cómo diseñaron la experiencia de usuario ideal de principio a fin, desde el primer momento deseable de interacción con la marca Disney hasta el último momento posible de cierre de las actividades y contacto posterior al viaje.

La idea es que las familias se entusiasmen con el viaje y con toda la experiencia desde el primer momento en que piensen en ir a Disney. Con esto en mente, crearon una forma para que todos los miembros de la familia interactúen virtualmente sobre cómo planificar el viaje, decidir dónde alojarse, qué comer, qué parques visitar, qué atracciones visitar, en qué orden, elegir si desean un momento privado con un personaje de Disney, compartir si están celebrando un evento familiar especial y muchas otras cosas que pueden personalizar según sus necesidades y deseos. Pero lo más importante no es la variedad de cosas que ofrecen, sino la cantidad de veces que la familia puede visualizarse estando juntos haciendo esas cosas, la emoción que les da imaginar cómo sería y la constante conversación, soñando con ello durante días, semanas e incluso meses. Para cuando llegan a los parques, ya ha ocurrido una gran cantidad de unión familiar y alegría compartidas.

Aunque hay tantos lugares maravillosos e increíbles para visitar en todo el mundo, creo que, en última instancia, el destino no es lo que realmente importa. Lo que más importa es ser intencionales como familia, estar juntos con regularidad, mantenernos conectados, elegir estar presentes en la vida del otro, fortalecer nuestros lazos y nuestro amor. Y durante el viaje, relajarse plenamente y disfrutar de la experiencia, reír, bailar, explorar y aprender cosas nuevas sobre el lugar al que se va, sobre la gente que se conoce y sobre cada miembro de la familia.

Como le digo a nuestra familia cuando empezamos a planificar nuestro próximo viaje, "es hora de crear nuevos recuerdos", y por supuesto, desde el primer momento que pienso en el viaje, también me imagino en el último día del viaje, cuando les pediré su ayuda para encontrar y traerme a su mejor candidato para la piedrita familiar en forma de corazón para nuestra colección, como nuestro recuerdo invaluable de otro maravilloso viaje juntos.

Ideas Clave:

Viajar en familia, a cualquier edad, es una de las mejores maneras de crear y fortalecer lazos familiares duraderos. El destino no es lo más importante, sino priorizar el estar en familia y compartir una experiencia juntos.

Lo maravilloso de planificar un viaje familiar es que cada miembro de la familia comienza a disfrutar de la experiencia desde el primer momento en que hablan de hacer el viaje juntos y el recuerdo dura para toda la vida.

Canciones:

"Oh, the Places You'll Go" – Anthem Lights

"Life Is a Highway" – Rascal Flats

"Perderme Contigo" - Bacilos

Nuestras nuevas Raíces, en un nuevo lugar, juntos

"No importa quién seas ni cómo te veas, cómo empezaste ni cómo o a quién amas, Estados Unidos es un lugar donde puedes escribir tu propio destino." – Barack Obama

Cuando a mi esposa y a mí se nos presentó la oportunidad de trabajar y vivir en otro país, no sabíamos cuánto iba a cambiar nuestra vida. Al principio, pensamos que sería una oportunidad única para vivir una experiencia enriquecedora durante dos o tres años y luego regresar a nuestro país de origen para siempre. Llevábamos seis años casados, teníamos tres hijos pequeños de cuatro años, dos años y un recién nacido, y nuestro equipaje estaba lleno de amor y buenos deseos de nuestra familia y amigos. También empacamos nuestra maravillosa cultura y la herencia de nuestras raíces que no estábamos dispuestos a abandonar (y nunca lo hemos hecho).

A medida que mi primera asignación en el extranjero se acercaba a su fin, sentí un deseo imperioso de ir a la ciudad donde mi empresa tenía su sede global. Después de casi 13 años en la empresa, me pareció apropiado vivir la experiencia en el sitio donde todo empezó para esta empresa hace casi 190 años y estar en el lugar donde se forjaron el propósito, los valores y los principios de la compañía que amo, ya que eso fue lo que me atrajo a unirme y me ayudó a permanecer en este maravilloso lugar para trabajar durante más de tres décadas. En cuanto a mi familia, sentía que dos o tres años más en el extranjero no marcarían una gran diferencia a largo plazo. Lo que sucede cuando se modifica el plan original es que se crea un universo alternativo. Sin saberlo, acabábamos de decidir cambiar materialmente para siempre el futuro que mi esposa y yo habíamos imaginado al casarnos.

No sabíamos que esta decisión fue el comienzo de un estilo de vida familiar nómada muy intenso y gratificante, cambiando de destino cada dos o tres años y mudándonos internacionalmente varias veces. En total, terminamos viviendo en cuatro países (México, Estados Unidos, Brasil y Panamá), seis ciudades, nos mudamos de casa 14 veces y vivimos en innumerables lugares temporales y hoteles entre destinos y entre hogares. Como he compartido en capítulos anteriores, esta se convirtió en nuestra vida familiar por elección propia y en lo que nuestros hijos crecieron conociendo. Al convertirse en adolescentes, se les consultó sobre decisiones importantes sobre oportunidades laborales, fechas de mudanza, escuelas a las que asistir, nuevas casas a las que mudarnos y todo lo que implicaba cada nuevo cambio para nuestra familia. Siempre tuvieron voz y a medida que crecieron, también tuvieron voto. Como familia, decidimos regresar a México cuando nuestra hija mayor estaba en séptimo grado y nuestros hijos en quinto y tercer grado. Fue una oportunidad maravillosa para que reconectaran con sus raíces, con la cultura de su país natal, con su familia extendida, para hacer nuevos amigos y reafirmar su identidad. Sabíamos que nuestro tiempo en México era limitado, así que lo aprovechamos al máximo. Cuando se nos llegó el momento para cambiar de destino, a pesar de lo difícil que fue para todos, decidimos irnos de México de nuevo, ya que teníamos claro que todos nuestros hijos deseaban ir a la universidad en Estados Unidos, donde conocían el sistema escolar y donde se imaginaban viviendo y trabajando como adultos. Esta ha sido una de las decisiones más difíciles que hemos tomado como familia. Una cosa es dejar tu país de origen una vez, y otra mucho más difícil es dejar tu país de origen, regresar por varios años y luego volverte a ir. Fue tan desgarrador para nosotros como lo fue para toda la familia extendida y amigos.

Mientras tomábamos esta decisión, la vida nos presentó otro nuevo dilema, cuando mi compañía me ofreció un nuevo trabajo en Singapur. En aquel momento, eso habría significado que nuestra hija cursara el último año de preparatoria en otro continente y luego se mudara a la universidad en Estados Unidos, muy lejos de la familia. Esto y otros factores, no encajaban con la etapa y las aspiraciones del resto de la familia, así que decidimos que era mejor quedarnos en Estados Unidos, a riesgo de que mi empresa no tuviera otro trabajo para mí allí. Por suerte, me asignaron uno de esos trabajos corporativos, uno que no había considerado antes, y que al final resultó ser una gran experiencia.

Cuando regresamos a Estados Unidos, nuestra hija estaba a punto de empezar el último año de preparatoria y nuestros hijos, respectivamente, el décimo y el octavo grado. Para ese entonces, nos esperaba otra gran decisión. Nuestras visas de trabajo y residencia permanente estaban a punto de vencer, así que necesitábamos decidir el camino futuro de nuestra familia. Hablamos sobre cómo veíamos la vida cada uno, qué queríamos lograr, dónde queríamos vivir y dónde queríamos establecer nuestras nuevas raíces familiares, con la idea de estar cerca para poder seguir estando presentes en la vida familiar tanto como quisiéramos sin tener que tomar un avión cada vez que quisiéramos vernos. Así que decidimos vivir a dos horas de distancia en automóvil como máximo. Decidimos ir a la costa oeste en el futuro, ya que también tiene la ventaja de ser más diversa culturalmente y estar más cerca de México para las visitas de nuestra familia extendida.

Con esta decisión en mente, iniciamos el proceso para obtener la ciudadanía estadounidense. Más adelante, cuando nuestros hijos terminaron la preparatoria, solicitaron admisión a universidades de todo el país y, por alguna ley mágica de manifestación y atracción, todos terminaron estudiando en California, ya sea su licenciatura o su posgrado/maestría. Con esta decisión, se puso en marcha nuestro plan familiar a largo plazo para establecer nuestras nuevas raíces.

Cuando Rodrigo, nuestro último hijo, se fue a la universidad, nos esperaba a mi esposa y a mí una nueva aventura de aceptar otra asignación internacional y tener el trabajo de mis sueños en la empresa en la que llevaba trabajando por 27 años hasta ese momento. Me ofrecieron regresar a Latinoamérica, vivir y trabajar desde Panamá y convertirme en el responsable de recursos humanos para toda la región, desde México hasta Argentina. Así comenzó nuestra etapa de "nido lleno", que detallaré en el siguiente capítulo.

Aunque la decisión de mudarnos más lejos, a otro país por más de cinco años, parecía contradictoria con nuestro plan ya decidido de establecer nuestras raíces familiares más cerca, fue un desvío bien pensado por nuestra parte. Por un lado, nos brindó un nuevo comienzo a mi esposa y a mí, un nuevo comienzo lejos del lugar donde vimos a nuestros hijos partir a la universidad. Nos dio la oportunidad de ampliar nuestras experiencias de vida y fue una manera maravillosa de culminar mi carrera, alcanzando el destino que había anhelado durante más de veinticinco años y cerrar este gran ciclo profesional en mi vida en una nota muy alta, lleno de gratitud y orgullo.

Lo bueno de tener una visión clara es que se toman decisiones con el fin en mente. Durante todos nuestros años en Panamá, sabíamos que queríamos regresar al lugar donde habíamos planeado el futuro de nuestra familia, y tomamos medidas deliberadas para lograrlo.

Por ejemplo, cuando nuestros hijos terminaron la universidad, cada uno de ellos se fue a vivir con amigos en casas compartidas, espacios mal mantenidos y pagando alquileres altos por habitaciones pequeñas, así que hicimos un plan familiar para reunir a nuestros tres hijos a vivir juntos, comprando una casa vieja que pudiéramos renovar para reducir el costo de sus alquileres y, lo más importante, tener un lugar para que toda nuestra familia conviviera y fortaleciera nuestros lazos familiares. Este lugar se convirtió en nuestro primer hogar en California, donde pasamos incontables horas juntos arreglándolo, limpiándolo y convirtiéndolo en un hogar para la familia. Es un lugar donde todos nos refugiamos juntos durante varias semanas mientras veíamos explotar la pandemia de COVID-19. Es un lugar donde celebramos graduaciones universitarias, cumpleaños, donde nuestros hijos han tenido reuniones épicas con sus amigos, y es un lugar donde hemos comenzado a echar nuestras raíces familiares en una nueva ciudad donde estamos creando lazos para toda la vida.

Tras muchos viajes a este lugar, mi esposa y yo nos dimos cuenta de que, a pesar de lo maravillosa que ha sido esta casa para nuestros hijos, no es un lugar a largo plazo para la familia. Sabemos que ha sido un "hogar de transición" para ellos, durante la etapa entre la universidad y el momento en que decidan formar sus propias familias.

Con esto en mente, durante nuestros años en Panamá, mi esposa y yo también nos propusimos encontrar un lugar para nosotros. Hicimos varios viajes a California y Arizona para buscar posibles alternativas de vivienda para nuestra jubilación. Con la decisión familiar de vivir a no más de dos horas de distancia, descartamos Arizona y nos dirigimos a lugares cerca de Los Ángeles para encontrar nuestro próximo hogar, considerando que cumplíamos con nuestros criterios de estar "lo suficientemente cerca como para poder ir en coche a vernos cualquier día de la semana, y no tan lejos como para no tener que empacar y pedir un día de vacaciones en el trabajo cada vez que nuestros hijos quisieran ir". Con esto en mente, encontramos nuestro nuevo hogar en Sta. Clarita, justo al norte de Los Ángeles. Y aquí es donde estamos ahora como familia. Después de 32 años de vida nómada, mudándonos y cambiando de lugar cada dos o tres años, es una sensación increíble tener un lugar donde queremos que nuestras raíces se arraiguen más profundamente en nuestra comunidad local, donde queremos que nuestra familia tenga un nuevo comienzo y siga compartiendo nuestro amor y fortaleciendo nuestros lazos para las generaciones venideras.

Ideas Clave:

Como dijo John Lennon: "La vida es lo que sucede cuando haces planes", así que lo importante es tener una visión para que tu familia se mantenga conectada y ajustar los planes sobre la marcha.

Echa raíces donde quiera que estés, sabiendo que las raíces se pueden trasladar de un lugar a otro, y que las nuevas semillas se pueden plantar en cualquier lugar, y crecerán con el cuidado y el amor de cada miembro de la familia.

Canción:

"We've Only Just Begun" – The Carpenters

"Nido Lleno", de amor

"La felicidad no está en otro lugar sino en este lugar,
no en otra hora sino en esta hora." – Walt Whitman

El tiempo vuela cuando te estás divirtiendo, y sin duda, el tiempo pasa a la velocidad de la luz cuando tus hijos crecen. Aunque quizás no lo sientan así cuando son muy pequeños y están abrumados con sus actividades, sus necesidades y sus exigencias, además de las exigencias del trabajo, amigos, familia extendida y todo lo que conlleva criar una familia en esos primeros años, déjenme decirles que, inevitablemente, todos nos damos cuenta de lo rápido que el tiempo se ha ido... cuando ellos se han ido.

Conforme esto pasa, surge otra revelación importante: sí hay vida después de que tus hijos se van a la universidad y se gradúan. Algunos se refieren a esta etapa como la del "nido vacío" (en inglés: "empty nest"), cuando los padres se quedan en una casa grande, con las habitaciones vacías donde solían vivir los hijos. Esta transición, y el nombre de "nido vacío", puede ser realmente muy triste para muchos padres. La sensación de pérdida es tangible y muy real; la ves cuando caminas por la casa cada mañana y las habitaciones están realmente vacías, y los pequeños humanos ruidosos que solían vivir contigo ya no están y el silencio prevalece. Pero por cada pérdida, también hay ganancias: tienes más tiempo, más espacio, más experiencia y conocimiento, y muy probablemente, también tienes más recursos disponibles.

Como mencioné anteriormente en el libro, a medida que experimentamos cambios en la vida, los seres humanos transitamos por tres fases: 1) Fin de la etapa anterior, 2) Fase de transición, 3) Nuevo comienzo. Nuestra forma de responder en cada etapa determina cuánto tiempo nos llevará pasar a la siguiente y, en última instancia, seguir avanzando en la vida. Algunas personas pueden estancarse durante mucho tiempo en la parte final de la etapa anterior, lamentando y extrañando, y aceptando lentamente iniciar su transición, mientras que otras pueden simplemente hacer un "swing de Tarzán", saltando directamente al nuevo comienzo, ignorando las tan necesarias fases de cierre y transición. Esto se puede ver reflejado en las acciones que toman. Algunas personas entran en la etapa de "nido vacío" al decidir mudarse a una casa más pequeña; otras deciden remodelarla para adaptarla mejor a sus necesidades. Otras deciden quedarse donde están y no hacer ningún cambio en sus hogares. Los cambios físicos en el entorno del hogar son solo un reflejo de lo que las personas están sintiendo en sus mentes y corazones. No puedo juzgar ninguno de los dos enfoques, ya que depende del contexto de cada familia. Solo puedo compartir cómo hemos decidido responder en nuestras propias vidas.

Nuestra convicción fundamental es que no tenemos un nido vacío. Al contrario, tenemos un nido lleno, repleto de experiencias compartidas en familia y de oportunidades para seguir haciéndolo. Todo empezó con nuestra convicción de disfrutar el presente, de ser felices dondequiera que estemos, con quienquiera que estemos. Le siguió la convicción de que el primer cambio que hemos tenido ha sido la oportunidad de revitalizar nuestra vida en pareja, teniendo mayor control de nuestros horarios y recursos, para poder dedicarnos a fortalecer nuestra relación. Planeamos seguir llenando nuestro nido con experiencias significativas que mi esposa y yo queremos vivir juntos, como aprender algo nuevo, emprender un nuevo negocio, aprovechar nuestro tiempo por las mañanas o por las tardes para hacer deporte, ver a nuestros amigos, retomar pasatiempos o iniciar nuevos y salir más.

Luego, continuamos llenando nuestro nido con la maravillosa oportunidad de estar en constante comunicación, contacto e incluso interacción en persona con nuestros hijos dondequiera que estén. Tenemos la capacidad de estar ahí cuando nos necesitan y cuando los necesitamos. A esta etapa la llamamos "estabilidad con flexibilidad", donde elegimos estar en un "hogar base" la mayor parte del tiempo durante nuestra vida en pareja, y tenemos la flexibilidad de adaptarnos más a los horarios cada vez más cambiantes y ocupados de nuestros hijos, con la mentalidad de planificar para estar presentes en la vida de la familia en eventos importantes para todos o simplemente para invertir en estar juntos lo más a menudo posible. La idea es volver a disfrutar de las cosas simples de la vida, como ver atardeceres, caminar por el parque, hacer senderismo y seguir los rituales y tradiciones familiares que todos amamos, tan frecuentemente como sea posible. Además de eso, llenamos nuestro nido con cosas grandes, como viajar más, servir y hacer más voluntariado en nuestra comunidad y también dedicar tiempo de calidad a nuestras familias extendidas.

¿Hemos hecho algún cambio en nuestro hogar, en nuestro "nido" físico? Sí, lo hemos hecho, pero para esos cambios hemos considerado cómo seguir haciendo de nuestro hogar un lugar ideal para toda la familia, ya que seguimos viéndolo como el lugar para estar juntos, para reunirnos con la mayor frecuencia posible. Y seguiremos haciéndolo, creando espacio para la llegada de nuevos miembros a la familia y para vivir más experiencias y tradiciones familiares en los años venideros.

Ideas Clave:

Los padres pueden afrontar la etapa en que los hijos se convierten en adultos y marcharse ya sea con la sensación de que el vaso está medio vacío o que está medio lleno. Si bien la pérdida de no tener a los hijos en casa es real y se necesita una transición adecuada, esta etapa de la vida ofrece nuevas oportunidades positivas para los padres.

La decisión de hacerse presentes en la vida de otros miembros de la familia es una vía de doble sentido cuando los hijos son adultos. La vida es demasiado corta para esperar o para asumir. Toma la iniciativa, busca, llama, invita, haz el esfuerzo de estar presente.

Canciones:

"Three Little Birds" – Bob Marley y los Wailers
"Conselho" – Nanda García

Conociendo a sus amigos en cada etapa

"Todos tenemos algún amigo en cada etapa de la vida.
Pero solo los afortunados tienen el mismo amigo
en todas las etapas de la vida." – Ajay K. Pandey

Cuando tus hijos crecen en casa, es natural conocer a sus amigos. Con todos los eventos escolares y las actividades extraescolares, como deportes, manualidades, y simplemente siguiendo el calendario de eventos, vacaciones, campamentos de verano y reuniones improvisadas con los vecinos, es fácil saber quién está cerca de tus hijos si prestas atención y estás cerca de ellos. Puedes ver sus interacciones en tiempo real en todas esas actividades y tener contenido valioso para hablar con ellos, ya que tienes contexto y experiencia directa de lo que está sucediendo en sus vidas.

También puedes invitar a sus amigos a tu casa como parte de las actividades normales de los niños, como después de un partido deportivo, cuando van a un parque de diversiones o cuando salen a hacer algunas cosas juntos, como pedir dulces en Halloween o celebrar el Día de los Muertos o cualquier evento en común. O simplemente como un lugar de reunión cuando van a un parque cercano y vuelven para pasar el rato. Esto también brinda una oportunidad muy valiosa para interactuar con los padres de los amigos de tus hijos, que puede ir desde una logística básica ("Llevaré a mis hijos a esta hora..." "¿Puedes recogerlos en este lugar?", etc.) hasta socializar juntos, incluyendo a los niños, y esto puede evolucionar a amistades muy significativas entre familias que pueden durar toda la vida. Puedes ver y aprender de diferentes familias, sus valores y creencias, y cómo estos han moldeado a los amigos más cercanos de tus hijos.

A medida que tus hijos van a la universidad, es natural y, en cierto modo, esperable, perder esa cercanía con su círculo íntimo de amigos. Si bien es comprensible que, al crecer, no queramos tener a nuestros padres cerca cuando estamos con nuestros amigos, ya sea en la universidad o en la vida adulta, creo que es importante que tanto los hijos adultos como los padres sepan quiénes son sus amigos más cercanos y quién está a su alrededor en cada etapa.

Esto es fundamental a medida que salen al mundo por sí solos y comienzan a explorar y experimentar en todas las áreas de su vida. Encontrar la manera de descubrir qué les interesa y con quién comparten su tiempo y actividades no creo que deba verse como algo intrusivo ni sobreprotector, sino como una inmensa oportunidad para seguir compartiendo experiencias de vida y convertirse en una gran forma de disfrutar su relación con ellos.

A medida que nuestros hijos crecían y hasta el día de hoy, siempre nos hemos esforzado por conocer a sus amigos y les compartimos abiertamente nuestro deseo de interactuar con sus amigos. Cuando los visitábamos durante su tiempo en la universidad, siempre les pedíamos que trajeran a sus amigos a almorzar o cenar, los invitábamos a nuestras celebraciones familiares, a salir de excursión o a cualquier plan que tuviéramos para el día. Cuando íbamos a ver sus actividades en la universidad para eventos especiales, también nos asegurábamos de dedicar tiempo a hablar con sus amigos y sus padres si estaban presentes, de forma muy similar a como lo hacíamos cuando eran pequeños. Mostrando interés en ellos, preguntándoles qué hacen, qué quieren en la vida, conociéndolos tal como son y descubriendo qué valores y actividades les gusta compartir con sus hijos. Escuchando sin juzgar, simplemente aprendiendo sobre ellos.

Esta actitud de querer involucrarse y estar genuinamente interesado en su grupo de amigos ha creado un fuerte lazo de amor en nuestras relaciones. Hemos visto quiénes son sus verdaderos amigos, los conocemos en persona y ellos nos conocen a nosotros. Saben que nos importan y que los apreciamos por estar en la vida de nuestros hijos. Sabemos que podemos contactarlos directamente si alguna vez necesitamos su apoyo. Por otro lado, también sabemos quiénes han sido esos amigos que no han sido la mejor influencia en la vida de nuestros hijos y, al tener experiencia e interacciones directas con ellos, podemos tener suficiente contexto para tener una conversación relevante con nuestros hijos sobre a quién quieren mantener cerca y qué obtienen de esas relaciones. Esta es una de las lecciones más importantes que cualquiera puede aprender en la vida, ya que, en muchos sentidos, quienes somos y lo que hacemos en la vida se ve fuertemente influenciado por aquellos que son más cercanos a nosotros. Tomar decisiones conscientes sobre a quién mantener en tu círculo íntimo y en quién dejar de invertir requiere mucha valentía. Hemos visto cómo nuestros hijos han tomado decisiones de "podar" o recortar su grupo de amigos y también de buscar nuevas relaciones positivas y hemos estado allí para apoyarlos en el proceso tanto como ha sido necesario.

También hemos tenido el privilegio de ver quiénes son sus amigos de por vida, esos "hermanos y hermanas" de otros padres que han estado con ellos en las buenas y en las malas, que han sido una presencia constante en sus vidas, en todos nuestros cambios y mudanzas familiares y a pesar de la distancia y todo lo que ha pasado en sus vidas, siguen teniendo un lugar privilegiado en sus corazones y por ende, tienen un lugar muy especial también en nuestros corazones.

Los amigos son una parte tan importante de nuestras vidas que creo que no debería ser ningún misterio para las familias saber quiénes son y tener la oportunidad de hacerlos parte de nuestra vida familiar continuamente.

Ideas Clave:

Conocer a los amigos de tus hijos en cualquier etapa de la vida es una gran oportunidad para fortalecer el lazo de amor familiar al aprender sobre quiénes son importantes en sus vidas y abrirse a tener experiencias significativas con ellos.

Canción:

"I'll Be There for You" – *The Rembrandts*

Rellenando Huecos

"No hay que preocuparse por el hueco, sino llenarlo. Se necesita una villa completa para criar a un niño." - Dra. Bethany Cook

Recientemente escuché una simplificación extrema de la esencia del rol de un esposo en una relación, resumida en las "3 P": Proveer, Proteger y Promover. Definitivamente me identifico con ellas, pero creo que no son exclusivas del rol tradicional de un esposo en una relación. En nuestro mundo moderno, las veo como responsabilidades compartidas de la pareja, una forma clara de manifestar su amor incondicional mediante acciones específicas.

Luego seguí pensando en cómo serían si añadiéramos el rol de padres y lo convertiría en un total de las "7 P": Predicar con el ejemplo, Priorizar, Proveer, Proteger, Preparar, Promover y Preservar. Sé que estoy complicando algo que era simple, pero eso es lo que sucede cuando pasas de una relación de pareja a ser padre o madre. Aunque creo que todos estos conceptos se entienden por sí solos, permítanme compartir algunas reflexiones adicionales.

Comenzaré compartiendo nuestro enfoque familiar, al que llamo "Rellenar los huecos", que considero una responsabilidad interminable de los padres. Creo firmemente que esta responsabilidad sólo termina cuando dejas este mundo. A medida que los hijos pasan de depender totalmente de sus padres a ser prácticamente independientes y autosuficientes, la vida inevitablemente los desafía con situaciones en las que el apoyo de sus padres puede ser invaluable. Para ser claros, esto no significa seguir haciéndolos dependientes; al contrario, les enseña una lección de interdependencia, donde pedir y aceptar ayuda es un comportamiento saludable. De la misma manera, abre una vía de doble sentido para que los hijos también puedan rellenar huecos en las necesidades de sus padres cuando la necesiten. De esto se trata ser una familia.

Los huecos o brechas se presentan en diferentes formas y tamaños. A veces pueden ser materiales en cosas como dinero, consejos financieros, préstamos, alojamiento temporal, artículos necesarios para un evento especial, etc. Otras veces, pueden ser brechas emocionales, como consejos sobre relaciones, escuchar sus problemas y brindarles un hombro para llorar, animarlos a celebrar momentos especiales; o una brecha profesional donde pueden recurrir a un coach de vida en sus padres para intercambiar ideas sobre cómo abordar un cambio de carrera o cómo lidiar con un jefe difícil. Y, por supuesto, algunos de los huecos más importantes que deben llenarse son los relacionados con la vida familiar: compartir experiencias de vida como padres y, como parte de eso, compartir hermosas historias sobre lo que hiciste como padres con ellos y las lecciones aprendidas.

Con esto en mente, puedes ver la relevancia de las 7 P's que acabo de mencionar. Si un hijo adulto enfrenta una brecha en las cosas materiales, Predicar con el ejemplo y ayudarlo a tomar decisiones sobre la Priorización de los gastos puede ayudar a llenar esa brecha aún más que brindar la solución prestando el dinero (que es una opción válida cuando es necesario). Si la brecha es emocional, Protegerlos y Prepararlos para recuperar su fuerza para decidir qué hacer podría ser lo más necesario. Si surge una brecha profesional, entonces Priorizar lo que es importante en la vida, Promover sus valores y autoestima/autoconfianza podría ser de gran ayuda. Y si se encuentran con una situación de brecha en la vida familiar, entonces prácticamente todas las P pueden entrar en juego, con especial atención a Preservar la relación, centrándose en el amor y la unión familiar en cualquier solución que elijan.

Ya me entiendes. Esto no es una receta; es más bien como una brújula en mi mente. En definitiva, esas 7 P's están grabadas en tu corazón y saldrán en el momento adecuado; solo necesitas escuchar tu intuición y pensar en su bienestar en todo momento.

Este concepto de rellenar huecos con hijos adultos se puso a prueba con la reciente pandemia de COVID-19. El impacto que tuvo en la salud mental de las personas, la forma en que tuvieron que adaptar sus trabajos y entornos laborales, o cambiar por completo sus carreras profesionales, la disponibilidad de vivienda, la movilidad, los viajes, la educación escolar de los hijos y mucho más, creó importantes brechas en nuestra sociedad. Creo que quienes se volvieron los portadores de primeros auxilios para resolver estas brechas han sido los padres de familia, desafiando convenciones sociales como "los hijos adultos no deben volver a vivir con sus padres", o apoyar a sus hijos mientras que redefinían por completo su carrera para encontrar un mejor equilibrio, para vivir una vida más alineada con su propósito. Las familias se vieron en la necesidad de aprender nuevos comportamientos para afrontar las nuevas realidades.

Algunas de estas nuevas conductas para acoplarse a la nueva realidad se extendieron más allá de la pandemia y, en ocasiones, han generado estrés en las relaciones familiares. La idea de tener hijos adultos que aún dependen de la ayuda de sus padres parece seguir inquietando a nuestra sociedad en cierta medida, ya que puede parecer un fracaso de los padres si los hijos adultos regresan a casa por un tiempo o necesitan apoyo para recuperarse en ciertas áreas de su vida. No comparto esta idea en absoluto; creo que esos huecos o nuevas carencias son simplemente la realidad de la vida de nuestros hijos, y la familia sigue ahí para ayudarlos siempre que pueda. Es como el arte japonés del "Kintsugi" ("unir con oro"), que consiste en reparar cerámica rota rellenando las áreas dañadas con polvo espolvoreado mezclado con oro, plata o platino. El significado es que la rotura y la reparación son partes inherentes de la historia de un objeto, más que algo que disimular, ocultar o incluso rechazar. Al añadir metales preciosos, se resalta lo reparado y embellece el objeto una vez restaurado. Creo que esto se aplica a la idea de rellenar huecos con hijos adultos, donde el apoyo familiar es precisamente el oro, la plata o el platino necesarios para ayudarlos a rellenar esos huecos y resolver esas brechas con amor; y una vez reparados, les ayuda a ser más fuertes, más hermosos y, al hacerlo, fortalece el lazo de amor familiar para siempre.

En nuestra familia, seguimos practicando rellenar los huecos en todos los aspectos de nuestra vida, con la intención de seguir teniendo una relación interdependiente donde nuestros tres hijos ahora como adultos se hacen responsables de cargar con su propio peso, al igual que nosotros. Todos reconocemos que, de vez en cuando, podemos necesitar ayuda y que es muy apreciada. Ya sea para aportar un poco más de conocimiento sobre algo, para brindar recursos o, simplemente, para estar presentes el uno para el otro y seguir conversando regularmente sobre lo que sucede en nuestras vidas.

Lo hermoso de este enfoque es que la familia se esfuerza por cubrir las carencias y rellenar los huecos de los demás. No se trata solo de padres a hijos; también se extiende a rellenar los huecos entre hermanos y a que los hijos hagan lo mismo con sus padres según sea necesario. La reciprocidad inesperada que surge del amor incondicional es una consecuencia natural de una familia que se cuida mutuamente.

Ideas Clave:

El objetivo final de criar una familia no es solo que tus hijos adultos alcancen la autosuficiencia financiera. Ciertamente, no se trata solo de sacarlos de casa y dejar de cargar con sus gastos. El objetivo final es verlos vivir su propósito, ser felices, encontrar el impulso para perseguir sus sueños y disfrutar de relaciones plenas y prósperas con todos los que los rodean.

Rellenar los huecos con cuidado, responsabilidad y apoyo incondicional es una forma de fortalecer el lazo familiar y el amor cuando más se necesita.

Canciones:

"Keep Your Head Up" – Andy Grammer

"Bad Day" – Daniel Powter

FAM JAM

"La comunicación es el sustento de cualquier relación."
– Elizabeth Bourgeret

Una de las cosas por las que estoy agradecido de vivir hoy en día, es tener la posibilidad de comunicarme instantáneamente en familia usando la tecnología actual. Siendo yo parte de la última generación que creció sin esta tecnología hasta que nos casamos y tuvimos hijos, puedo decir que poder utilizarla ha sido vital para nuestra vida familiar nómada. Todavía recuerdo tener que escribir cartas de amor a mano, enviarlas por correo y usar un teléfono fijo de disco rotatorio para llamar semanalmente a mi ahora esposa como los medios de comunicación habitual cuando éramos novios. Ahora, poder hacer una videollamada en mi iPhone, en la palma de la mano, en tiempo real, para hablar con mis seres queridos, es algo que no doy por sentado.

El hacer esta tecnología accesible a prácticamente cualquier persona del planeta, también ha creado nuevos desafíos que me gusta llamar "espacio mental/espacio sentimental". Ahora es posible tener conversaciones en tiempo real con cualquier persona, viendo su rostro en el teléfono o computadora. Podemos crear múltiples grupos de chat para estar al tanto de lo que sucede en la vida de cualquier persona, en cualquier momento. También es posible compartir nuestras vidas las 24 horas del día, los 7 días de la semana, publicando cada momento a través de diversas redes sociales, lo que dificulta mantenerse al día con todos nuestros amigos y seres queridos. Al mirar el teléfono de cualquier persona, fácilmente se puede navegar por las múltiples pantallas de grupos de chat de WhatsApp con infinitas notificaciones y actualizaciones.

Aquí es cuando surge el desafío del "espacio mental". ¿Cuánto espacio de mi mente (y tiempo) puedo dedicar a crear más y más grupos de chat que pueda mantener y disfrutar plenamente? Como cualquier "monstruo de nuestra propia creación", su tamaño y alcance dependerán de cuánto podamos alimentarlo y cuidarlo.

Entonces surge el desafío del "espacio sentimental". ¿Qué grupos realmente importan? ¿Cuáles son los puramente transaccionales (es decir, relacionados con el trabajo, las actividades de los niños, el desarrollo personal, los vecinos) que existen para dar y recibir información, coordinar la logística y tener una interacción discreta, solo cuando es necesario? De todos los grupos de chat que tengo, ¿cuáles son los más queridos para mí, aquellos que realmente nutren mi alma y son fundamentales para fortalecer mis relaciones?

Creo que la naturaleza del algoritmo de las aplicaciones que alojan todos nuestros chats puede ayudarnos a superar el desafío del espacio mental y espacio sentimental, ya que ordena los chats según su frecuencia de uso. Los chats a los que accedes y participas con más frecuencia son los que aparecen constantemente en la parte superior de la pantalla. Este podría ser un primer filtro útil para analizar dónde enfoco mi atención y con quiénes me ocupo más frecuentemente.

En nuestro caso, es indiscutible que el chat de nuestra familia inmediata: mi esposa, nuestros tres hijos y yo, aparece constantemente en la parte superior de la pantalla. A este chat lo llamamos FAM JAM. Es el primero que reviso cada mañana y el último que veo cada noche antes de dormir. Se ha convertido en nuestra reunión familiar virtual donde, además de lo que podemos ver a través de otras plataformas de redes sociales, compartimos nuestras experiencias, de una manera congruente con los valores y lenguajes del amor de nuestra familia, y donde muchos de nuestros rituales aparecen de vez en cuando.

Aquí es donde obtenemos la primera exclusiva sobre las últimas noticias, como el lanzamiento de una hermosa nueva canción de nuestra hija Andrea. Aquí es donde vemos fotos impresionantes de un viaje o una caminata por la naturaleza de nuestro hijo Fernando con su prometido Jaxon. Aquí es donde vemos la maravillosa creatividad cobrar vida en un nuevo diseño de moda de nuestro hijo Rodrigo. Aquí es donde podemos aprender sobre eventos importantes en sus vidas con sus seres queridos, o con aquellos que pronto serán sus seres queridos. Aquí es donde a pesar de la distancia, podemos hacer nuestro "show and tell" (que se traduce como: "mostrar y compartir") familiar en forma virtual sobre lo que nos enorgullece, en lo que estamos trabajando y los planes que tenemos para el día, los altibajos de su día, sus planes para el fin de semana y más. Aquí es donde recibimos la pregunta diaria de Mamá para reflexionar y podemos leer sus perlas de sabiduría sobre pensamientos relacionados con la gratitud y la abundancia. Aquí es donde todos reciben algunas frases célebres que les comparto, muchas tomadas de otros autores y algunas escritas por mí, para inspirarnos durante el día. Aquí compartimos las canciones que escuchamos y las que nos gustaría bailar juntos, los videos de Tik Tok de Fernando y, a veces, también incluyendo a Andrea y Rodrigo bailando.

Y aquí es donde nos emociona fijar fechas para la próxima vez que nos reencontremos, ya sea viajando a donde están o viajando juntos a otro lugar. No importa de qué hablemos, al final de cada conversación, al despedirnos, todos contribuimos a seguir sumando a millón de veces de decir "te amo" y contando...

Ideas Clave:

La comunicación frecuente y llena de vida es lo que nutre y mantiene unida a una familia. No importa lo ocupados que estemos, siempre hay tiempo para compartir lo que ocurre en nuestro día y ponernos al corriente.

Un chat virtual familiar es como una pequeña reunión familiar. Aunque escribir se hace de forma asincrónica la mayor parte del tiempo, puede sincronizar a todos los miembros de la familia en lo que realmente importa para cada uno y para todos.

Canción:

"Count on Me" – *Bruno Mars*

524 ever!

"Los lugares más maravillosos del mundo para estar son: en los pensamientos, en las oraciones y en el corazón de alguien."
– Desconocido

En mi carrera como líder de recursos humanos, he visto muchas cosas que pueden ayudar a unir a las personas en torno a un propósito y a trabajar juntos para lograr resultados excepcionales, transformar la situacíon actual y dedicar sus mejores esfuerzos para una buena causa. Una de las intervenciones más efectivas, y a la vez sencillas para lograr esto, es encontrar un lema de unidad, o un "grito de guerra" para su equipo, para su organización.

Un lema o grito de guerra es una frase o eslogan breve que representa al instante lo que las personas más aprecian de su organización. Es el pegamento ideológico que los une, por muy diferentes que sean, y el catalizador que no requiere mayor explicación; una vez que lo escuchas, lo entiendes y te lanzas a perseguirlo.

Ejemplos notables de los lemas más memorables de algunas empresas son: "Just Do It!" ("¡Solo Hazlo!") de Nike; "Think Different" ("Piensa diferente") de Apple; "Never Settle" ("Nunca te conformes") de One Plus; "Impossible Nothing" ("Nada es imposible") de Adidas, "Touching Lives, Improving Life" ("Tocando Vidas, Mejorando la vida") de P&G. Cuando formas parte de estas empresas, escuchas esas palabras y te sientes inspirado, sientes la conexión con quién eres como persona, sientes que perteneces y le encuentras sentido a lo que haces cada día.

Creo que lo mismo ocurre con las familias y en cualquier etapa de la vida, como en cualquier otro grupo o equipo de personas, tener su propio lema o grito de guerra puede unirlas y fortalecer sus lazos de amor. Ese ha sido el caso de nuestra familia. En 2017, durante un viaje a California para visitar a nuestros hijos, decidimos hacer un paseo de senderismo en familia en Los

Ángeles. Nuestro hijo Fernando, un apasionado del senderismo, nos llevó a la ruta de "Wisdom Tree" (se traduce como: "Árbol de la Sabiduría"), que es uno de los más populares de la zona, localizado en pleno barrio de Hollywood.

El Árbol de la Sabiduría es el único árbol que sobrevivió al incendio de Barham en el año 2007. Se yergue en la cima del Pico Cahuenga, que es el monte más alto al final del Parque Griffith, y se ha convertido en una fuente de inspiración para muchas personas. Al llegar a la cima, vimos el árbol y, tras él, una hermosa vista de toda la ciudad. Después de las fotos habituales cerca del árbol, trepándolo (lo cual está perfectamente permitido), con mi esposa abrazándolo y disfrutando de las vistas de la ciudad, vimos una zona cerca del árbol con muchas piedras acomodadas en el suelo, debajo de las cuales había notas escritas a mano. Nuestro hijo Fernando nos contó que se ha convertido en una especie de santuario natural donde cualquiera puede dejar una nota escrita a mano, expresando gratitud, enviando amor al universo y compartiendo buenos deseos para quienes deseen hacer la caminata y sientan curiosidad al ver los mensajes, y sientan el deseo de hacer lo mismo para otros.

Ese fue nuestro caso, sin duda alguna, nos sentimos inspirados como familia a compartir un mensaje de gratitud y amor para el mundo entero. Mi esposa encontró una hoja en blanco y con un bolígrafo azul escribió: "Gracias a Dios por todas sus bendiciones. La familia es primero por siempre. 5-2-gether" (haciendo juego de palabras con el número dos en inglés: "two-gether", y la palabra "together" que se traduce como "juntos"), lo que significaba que los cinco miembros de la familia (mi esposa, nuestros tres hijos y yo) estábamos juntos. Nos abrazamos y, mientras hablábamos de ello, nuestro hijo Fernando dijo: "5-2-gether forever" (se traduce como: los cinco-juntos-para-siempre"), y así nació nuestro lema familiar: 524-ever.

Y con este lema familiar, seguimos avanzando hacia el futuro. Es un recordatorio de que nuestra familia ha crecido raíces muy fuertes, con todas nuestras tradiciones, rituales y experiencias adquiridas al mudarnos constantemente y vivir en el extranjero en múltiples ocasiones. Es un fuego interior que continúa invitándonos a cada uno a expandir nuestras alas al mundo, a conocer gente nueva y diferente, a probar cosas nuevas, a salir de nuestra zona de confort, a aprender de los demás, a ayudar a los que lo necesiten, a dar todo lo que podamos, y a experimentar todo lo que el mundo y esta hermosa vida nos ofrecen. Es una fuerza imparable que nos une, a través de la distancia y el tiempo, con los lazos que hemos creado, forjados en nuestro deseo intencional de estar presentes en nuestras vidas. De tener magníficos cumpleaños, aniversarios, días festivos y celebraciones con brindis elocuentes. De coleccionar experiencias y piedras invaluables en forma de corazón de todas partes. De dar la bienvenida a los nuevos miembros de la familia, de vivir y disfrutar juntos todos los momentos especiales, de saborear esos pequeños primeros pasos tanto como esos grandes logros. Es reír sin control, bailar hasta no poder más, llorar y expresar abiertamente nuestras emociones. Viajar cerca y lejos, simplemente tumbarnos en el césped contemplando el cielo, las nubes, las estrellas, o ponernos en marcha, en movimiento constante, subiendo a la cima de una montaña o bajando a ríos y playas para contemplar majestuosas puestas de sol y seguir explorando el mundo aún por descubrir.

Sea lo que sea que la vida nos presente, elegimos ser intencionales, ¡y somos 524ever!

Canción:

"Nothing's Gonna Stop Us Now" – Starship

Selección de Raíces, Alas y Lazos familiares

Esta es una lista de nuestros "grandes éxitos familiares" que puedes considerar para ser más intencional con tu familia:

1. Desarrolla tu declaración personal de PVP (Propósito, Valores, Principios).

2. Define tus Metas personales para cada uno de los roles claves en tu vida.

3. Escriban e intercambien sus Votos para su relación en pareja.

4. Desarrolla tu Propósito, Metas y Principios familiares. Crea tus tableros de Visión el día de Año Nuevo.

5. Hábitos diarios: Leer con los hijos, Conversaciones antes de dormir, Abrazos y Besos diarios.

6. Tiempo dedicado uno-a-uno entre padre y madre y cada uno de sus hijos: Hagan algo que a ellos les guste tan seguido como sea posible.

7. Hagan una lista de sus Rituales y Tradiciones familiares (Navidad, festividades, rituales heredados, ritos provenientes de la cultura de su país de origen) y compártanla con su familia.

8. Planifica tu propia versión de "El regalo que realmente necesitas" para su próxima reunión navideña.

(continuado)

9. Viajen juntos, involucren a los niños en la planificación, entusiásmenlos y asígnenles responsabilidades sobre partes del viaje.

10. Fomenta la responsabilidad y el sentido de pertenencia: haga que sus hijos realicen tareas domésticas lo antes posible, asignándoles responsabilidades y recompensas. Enseña a tus hijos los fundamentos de la responsabilidad financiera personal.

11. ¡Bailen juntos! Hagan que cada celebración sea especial y memorable. Haz un brindis e invita a otros a unirse y hacer lo mismo.

12. Realicen Servicio Comunitario y Voluntariado en familia, háganlo tan frecuentemente como puedan.

13. Organiza un club de lectura con tus hijos en cualquier etapa de la vida.

14. Conoce a sus amigos en cualquier etapa de sus vidas.

15. Habla con ellos sobre sus relaciones e intereses amorosos con frecuencia.

Para conocer más sobre otros programas de crecimiento personal, puedes visitar nuestra página web:

www.524ever.com

Canciones por temas

El lenguaje de amor familiar
"Home" – Michael Bubble
"Lost" – Michael Bubble
"Have It All" – Jason Mraz
"Lucky" – Jason Mraz, Colby Caillat
"I Hope You Dance" – Lee Ann Womack
"Sin Miedo" – Rosana
"Color Esperanza" – Diego Torres
"I Could Not Ask for More" – Edwin McCain
"Back Home" – Andy Grammer

Raíces
"Hasta la Raíz" – Natalia Lafourcade

Descubriendo tu Propósito, Valores y Principios
"Man in the Mirror" – Michael Jackson
"Hacia lo Alto" – Eduardo Ortiz

Automotivación
"This is My Time" – Amy Stroup
"Where My Heart Will Take Me" – Diane Warren, Russell Watson

Inspiración para los Votos de pareja
"I Do" – Colbie Caillat
"Would You Go with Me" – Josh Turner
"You Decorated My Life" – Kenny Rogers
"I Want Crazy" – Hunter Hays
"Little Things" – One Direction
"Para amarnos más" – Mijares
"Todo Cambió" – Camila
"Para Siempre" – Kany Garcia
"A fuego Lento" – Rosana
"Algo Contigo" – Rita Payes, Elisabeth Roma
"Yo te Volveré a elegir" - Eduardo Ortíz Tirado

Llegada de nuevos Bebés
"Duerme" – Jack Rabbit
"You'll Be in My Heart" – Phil Collins
"Bubbly" – Colby Caillat
"God Must Have Spent a Little More Time on You" – NSYNC

Propósito y Metas familiares
"A Million Dreams" – Lucy Thomas

Disfruta de las cosas sencillas de la vida
"The Best Day (Taylor's Version)" – Taylor Swift
"Days Like This" – Busby Marou

Llevándolos a lugares en auto
"El Taqui Taqui" – Original Mix – Ilegales
"Ultimate" – Lindsay Lohan
"Iko, Iko (My Bestie)" – Justin Wellington, Small Jam
"Viva la Vida" – Coldplay

Feliz Cumpleaños y "Las Mañanitas"
"Las Mañanitas" – Mariachi Vargas de Tecalitlán
"Las Mañanitas" – Tatiana
"Happy Birthday To You" – Happy Occasion Singers
"Parabéns pra Você" – SaraoMusic

Celebrando la vida
"What a Wonderful World" – Louis Armstrong

Convertir una casa en un Hogar
"Home" – Phillip Phillips
"Que no falte Hogar" – Eduardo Ortiz Tirado, Cantantes Inhumyc

Jugando con tus hijos
"You've Got a Friend in Me" – Randy Newman
"With Arms Wide Open" - Creed

Celebrando la herencia Mexicana
"Cielito Lindo" – Pablo Montero
"Mexico Lindo y Querido" – En Vivo – Alejandro Fernández
"Huapango Moncayo (1941)" – Alondra de la Parra, Philarmonic Orchestra of the Americas

Cafecitos con Mamá
"I'll Be Here" – Colbie Caillat, Sherryl Crow

Promesas hechas, Promesas cumplidas
"One Call Away" – Charlie Puth
"Stand by Me" – Ben E. King

Las Tareas del Esposo y del Papá
"I'll Be There" – Mariah Carey
"Godspeed (Sweet Dreams)" – The Chicks

Resolver conflictos sin dañar las relaciones
"Still into You" – Paramore
"You're Still the One" – Shania Twain

Mi espacio, nuestro espacio
"Our House" - Madness

Espiritualidad en acción, voluntariado, servicio comunitario
"Heal the World" – Michael Jackson
"Rise Up" – Andra Day
"Look For The Good" – Jason Mraz
"Shine Your Light" – Master KG, David Guetta, Akon

Expresando el amor familiar – "1 millón de besos y te amo y contando"
"I Love You" - Barney

El regalo de Navidad que necesitas
"All I Want for Christmas is You" – Mariah Carey
"Esta Navidad" - Pandora

Mantenga a su familia extendida cerca
"Father and Son" – Yusuf / Cat Stevens

Amigos para toda la vida
"Sweet Arizona" – East Love
"Festa" – Ivete Sangalo
"Danza Kuduro" – Don Omar, Lucenzo
"La Vida es un Carnaval" – Celia Cruz

Alas
"Wind Beneath My Wings" – Bette Midler

Piedras familiares
"Heirlooms" – Amy Grant

Apoyarles cuando caen y cuando triunfan
"The Last One" – Maisie Peters

Da lo mejor de ti y toma buenas decisiones
"Up, Up, Up" – Rose Falcon

Leyendo con Mamá
"Greatest Love of All" – Whitney Houston

Realizar tareas domésticas, desarrollar sentido de propiedad y responsabilidad
"Takin' Care of Business" – Bachman-Turner Overdrive

Los polvitos mágicos de Mamá Mágicos
"Do You Believe in Magic?" - Aly & AJ
"Every Little Thing She Does Is Magic" – The Police
"You Can Do Magic" - America

Convertirse en uno mismo cuando todo a tu alrededor cambia
"Unwritten" – Natasha Bedingfield
"Hold On" – Wilson Phillips

Interacciones sociales: Encontrar su propia voz
"Brave" – Sara Bareiles

Baila como si todo el mundo te estuviera mirando
"La Ventanita" - Garibaldi
"Te contarán" – Juan Luis Guerra
"Yo no sé mañana" – Luis Enrique
"Can't Stop This Feeling" – Justin Timberlake
"Dancing with Myself" – Billy Idol
"Footloose" – Kenny Loggins
"Arerê – Ao Vivo" – Banda Eva

Ensayos universitarios: una joya del autodescubrimiento
"This Is Me" – Keala Settle
"Don't Stop Me Now" – Queen
"Best Day of My Life" – American Authors

FOMO, YOLO, JOMO – Enfocarse en lo que realmente importa
"I Lived" – One Republic
"Vienna" – Billy Joel
"Solo se Vive una Vez" - Azucar Moreno

Encontrar un príncipe o una princesa y quitar a algunos dragones en el camino
"Zanesville, Ohio" – Andy Leon
"Breadcrumbs" – Andy Leon
"The Stack" – Jack Rabbit
"This Again" – Jack Rabbit
"End the Daydream (**Fitting In** Original Movie)" – Jack Rabbit
"Can't Help Falling in Love" – Elvis Presley
"Si tú la quieres" – David Bisbal
"Por el resto de tu vida" – Christian Nodal, TINI
"Making Love Out of Nothing at All" – Air Supply

De ser Aliado a ser Incondicional
"Malibu" – Miley Cyrus

Haz lo que amas, ama lo que haces
"Good Job" – Alicia Keys

Lazos
"Better Together" – Jack Johnson

Salirse de la casa, sin mudarse
"My Wish" – Rascal Flatts
"Never Grow Up" – Taylor Swift

¡Oh! Los lugares a los que vamos...
"Oh, the Places You'll Go" – Anthem Lights
"Life Is a Highway" – Rascal Flats
"Perderme Contigo" – Bacilos

Nuestras nuevas raíces, en un nuevo lugar, juntos
"We've Only Just Begun" – The Carpenters

"Nido Lleno" de amor
"Three Little Birds" – Bob Marley & The Wailers
"Conselho" – Nanda Garcia

Conociendo a sus amigos en cada etapa
"I'll Be There for You" – The Rembrandts

Rellenando Huecos
"Keep Your Head Up" – Andy Grammer
"Bad Day" – Daniel Powter

FAM JAM
"Count on Me" – Bruno Mars

524 ever
"Nothing's Gonna Stop Us Now" – Starship

> Lista de reproducción en Spotify:
Raíces, Alas y Lazos (Roots, Wings and Bonds)

Un poco sobre VITALITY

VITALITY es un círculo de amigos el cual acoge a todos, ayudándonos a despertar y recordar que ya somos completos. Nuestros programas de cuidado personal, económicamente accesibles, son una invitación a moverse, respirar, descansar, contemplar y crecer.....sea donde sea que cada uno esté comenzando su camino de auto cuidado, donde sea y en lo que sea que desee convertirse.

¡Este es el poder del circulo!

Te invitamos a explorar con nosotros por medio de nuestras diferentes clases a donación....en persona o via Zoom, nuestros entrenamientos económicamente accesibles, sesiones individuales, así como oportunidades de voluntariado.

www.vitalitycincinnati.org

VITALITY
buzz, bliss + books

Publicando libros provenientes del circulo de amigos de VITALITY,
inspirando amor, creatividad y posibilidades.

vitalitybuzz.org